我們在馬戲團中看過獅子、老虎、大象・・・等等，
在馴獸員的指揮下做著各種動作，
但卻沒有任何一個人看見過狼的身影。
因為狼是沒辦法被圈養的，
它們會暗暗的觀察人類行為，
可以很快學會如何打開牢籠的栓。
一旦狼學會如何逃離牢籠，
就很難再被圈養。

如果你要逃離平凡的牢籠，
就一定要了解狼的生存法則！

對自己要夠狠，

讓你對未來無所畏懼的八個步驟

李維文 著

目錄 CONTENTS

1 CHAPTER 狼的生存關鍵：要活命，就要往前衝

CHAPTER 2 跟狼學耐性：狩獵，就是漫無止境的等待

3

CHAPTER

狼也會耍心計：狼一點才能心想事成

4

CHAPTER

狼子野心：你想吃下多大塊的肉？

5 CHAPTER 狩獵獅子時要尋求合作：不是一切都靠自己

6

CHAPTER

行動如狼，攻心為王：行為要像狼般剛強，心要像棉花般柔軟

編輯序

去年九月的今周刊頭版〈狼性襲台！台灣羊只能剉咧等？〉文中諷刺了台灣人引以為傲的溫良謙遜不及大陸的敢殺敢衝，並且在文中大剌剌的講說「台灣人弱掉了」。讓人氣憤但卻也勾起了我對狼的興趣。

大家都覺得狼是一種貪婪狡詐的動物，其實牠們和我們想的不大一樣。狼是很驕傲的動物，牠寧可對自己狠也不願意讓別人有機可趁。只有狼，才會在不小心被捕獸夾子夾住腳爪後，殘忍地咬斷自己的膝蓋，用高昂的代價從捕獸夾下死裡逃生，其它任何動物都下不了這個狠心。

牠，是最危險的動物，不只會孤軍奮戰，還懂得合作。古諺中的「猛虎怕群狼」就是在形容牠們擅於團隊合作。同時也是遊走於夜色當中的獨行俠，每每在Discovery上看到孤狼神出鬼沒的身影總是讓人讚嘆不已。

不禁讓人想問，如果我們能夠擁有狼的智慧，還怕詭譎的職場嗎？

我們為了在這個世界上立足，為了讓自己生活得更好，為了取得成功，不斷地與外界作鬥爭，努力去戰勝困難，改變現狀，超越他人，卻常常忽略了自己。對我們大多數人而言，在走向成功的途中，最強勁的敵人往往就是自己。拖延、懶惰、自卑、敏感、脆弱、膽小……這些都是阻礙成功的因素，而這些都來自我們自身。因此，在野心勃勃地想要征服世界、想要撬起地球的時候，就學學狼吧。只有向牠們一樣對自己狠，才能離成功近。

大部分的人，在遇到問題的時候，都只能靠自己。沒有背景，沒遇到貴人，沒有高學歷，這些都不礙事。關鍵是你需要對自己下狠手，事業、生活、愛情都是如此。只要你學會了對自己狠，從此，再也沒有人可以傷害你，再也沒有事可以困擾你！同時，你離成功也就不遠了。

只要我們習得狼性，學會狼學，就一定能在都市叢林中來去自如，如入無人之地！

序——對自己狠一點，離成功近一點

在多年的諮詢工作中，我聽到了許多人的抱怨。他們活得很不開心，「為什麼這個世界對我如此不公平呢，給我製造了這麼多的煩惱，無窮無盡的問題總是接踵而至……我的生活看不到半點希望！」對人生充滿迷茫的人們擁堵了我在洛杉磯和華盛頓的辦公室走廊。尋找答案的人是如此之多。

我說，沒錯，真實的世界是殘酷的。但是，究竟是什麼事情讓你們如此不開心、頹廢、一蹶不振呢？他們說原因有很多，家庭壓力、情感困惑、同事傾軋、老闆冷酷、朋友疏遠……每個人都有一大堆的問題。好像他時刻會被欺負，滿腔的委屈無法傾吐，滿腹才華也無法施展，註定只能做一個窩囊且失敗的人，就像鹹魚一樣翻不了身。

如果一個人終生只能活在這樣的狀態中，可真悲哀啊！但是，絕大多數人不是都遭遇了類似的問題嗎？當你愁眉不展時，或許別人也在彷徨無計。那麼，為何別人能夠突破重圍走出困境呢？

由此可見，這些問題並不是真正的障礙。遇到問題並不可怕，重要的是，你一定要讓自己每天都清醒地活著，還要不斷反思：「我到底哪裡做得不夠好？我是否在許多地方都縱容了自己？」當你開始積極地反省並且勇敢地驅逐內心的軟弱時，我相信你就已經開始打開了一扇走向樂觀和靠近成功的大門。

我一直認為，那些可以成功的人，他們為自己裝備了三顆心臟。

一顆是**健康**的心臟：「健康就是將問題掐滅在萌芽狀態。」面對自己的錯誤，不逃避、不推脫，隨時發現，隨時解決，決不懈怠。

一顆是**好戰**的心臟：「好戰代表了強大的勇氣，也意味著擁有堅強的意志。」無論遇到何種難關，他們都不會望而卻步，而是奮勇直進，接受挑戰。他們永遠鬥志昂揚，即便被現實碰得鼻青臉腫，倒在了衝鋒的路上，也能立即起身捲土重來。

一顆是**寬容**的心臟：「寬容能讓你海納百川，大度豁達，能包容更多的人，消化更多的事。」它會協助你養成合作互利的習慣，並打下堅實的人脈基礎。

這三顆心如同三台動力十足的發動機，緊密協調，高效運作，激發出人們全部的潛質，釋放出人體這輛汽車全部的能量，突破路面阻力的限制，發揮出最高水準以極致的速度往前沖。所以，有三顆心的人，是懂得「逼迫」自己的人，也是距離成功最近的精英群體。

當初，我在內地讀了一所被人們譏諷為「畢業只能去擺攤」的大學，然後就真的去擺攤了——我畢業後曾做過一段時間的化妝品銷售。父母對此相當反對。他們從我進入校門的那天起就在為我的前程擔憂，一直在絞盡腦汁苦思良策，總希望我能進一家待遇優越的大公司。

「就算暫時找不到工作，你也不能去賣化妝品，這不但浪費時間，還會讓人家笑話。」熱心的親戚們紛紛來勸導我，「維文，去做點有出息的事吧。把化妝品銷售的工作辭掉，去國企應聘試試，別讓人看不起。就算一時半會去不了好公司，也可以在家裡待一段時間，說不定很快就有好的機會了。」

我堅定地對他們說：「如果什麼都不做，縱容自己坐吃山空，一昧在家等著機會主動找上門，那才是讓人鄙視的行為。」

做什麼不重要，聰明與否也不是問題，關鍵是你敢不敢對自己「狠」，能不能狠到實處，狠到點子上。一個擁有人生大志向的人，他會願意從最不值一提的事情做起，在每一個微小的細節和不起眼的事情上嚴格要求自己。他會慢慢積蓄能量，直至突破自己，超越大眾和世俗的觀念。而這就是那「三顆心」的本質體現。

在這個信奉叢林法則的世界，如果你沒能具備這三顆心，不能對自己狠一點，就一定會淪為強者的墊腳石。

我們常常會聽到這樣的抱怨：「你看，我挺努力的呀，怎麼就是看不到半點回報呢？我想當主管，想加薪，希望步入中產階層，買車買房……我每天都起早貪黑，把每一分每一秒都獻給了工作，完全拋棄了屬於自己的時間，累得就像一條狗，可我的理想怎麼還是實現不了呢？」

原因有二，第一，你努力的方向不正確，從一開始你的目標就定錯了；第二，你努力的時間不夠長，對自己還是不夠狠。

有位畢業於麻省理工的華裔曾對我說：「李先生，我對自己挺狠的啊，怎麼始終沒能成功呢？」他對我講述了自己的經歷，在兩年多的工作中，他沉醉於搞陰謀詭計，在這方面他的同事沒人比他強，他將職場變成了一齣精彩的「後宮」爭奪大戲。然而，這並不是我宣導和鼓勵的「狠」，而是一種帶有強烈功利性的且有損於自身形象的手段，它不但不能幫助你成功，反而加快了你被世界淘汰的步伐。

「對自己狠一點」，這裡所說的真正的「狠」是什麼呢？就是對自己高標準高要求，激發潛能，理性規劃，並且在執行人生規劃的同時，要有過人的意志力。我們既要做一個謙謙君子，又要成為一名熟練的獵人，在奮鬥打拼的過程中保護好自己。

這就是成功者必須具備的素質。

我們在自己身上會有許多私密的發現，其中有一些定是你不願接受的——縱容、懶惰、自私還有逃避現實。正是這些像毒癮一樣難以去除的痼疾使大多數人無法正視自己的人生，每當談及他們的失敗時，他們總是強烈的辯駁：

「我本人沒有問題，責任不在我的身上！」

「是我太仁慈了，你知道，我是一個好人，所以難免會讓人算計！」

「為什麼你要批評我呢？難道看不見那些蠢貨對我做了什麼嗎？」

有一次，我在奧斯丁的分公司面試了一個畢業於哈佛商學院的年輕人。他跟我說自己在以前的公司是何等的輝煌，做出來多少驚人的成績，老闆如何器重他，總之一直在向我訴說他是一個完美的人才。

我問他：「你在那個公司多久了？」

「哦，三年，確切地說，是兩年零九個月。」

「為什麼要離開呢？」

他馬上開始傾倒苦水——他對公司做出的貢獻和應該獲得的功勞和職位都被一個後晉之才搶走了，而這個人還是他的朋友。

「那個人到公司多久了？」

「只有一年。」

「你這個工作了三年的前輩，如何會輸給這個剛來一年的新人呢？」

他始終沒有正面回答我的問題，只是滿腹牢騷，「不服氣」的憤慨之情寫在他的眉宇間。我知道，他始終不認為自己在這次失敗中有半點的責任，要怪就怪那個不講義氣的傢伙搶了本該屬於他的東西。但是殊不知，他的這種看不到自身缺陷的表現正是他失敗的原因，也是許多人在殘酷的社會競爭中出局的根源所在。

一些人的問題就在於，面對別人的優點不屑一顧，面對自己的缺點卻常常無意識地逃避。他們只想對別人狠一點，總以最苛刻的目光審視著身邊的人，並且去評判周遭的環境，卻不懂得給自己一面鏡子自審，通過嚴於律己來達到目標。

如果你曾經或正在面臨這樣的生活狀態，你處處碰壁，工作長期不見起色，人際關係一塌糊塗，你既感受不到工作的快樂，也享受不到生活的愉悅，內心痛苦迷茫。那麼，這本書對你來說，就具有了一些參考價值！這是一本讓你從今天開始就對自己狠起來的書，而且它也是一本幫助你從容地面對今天這個無情的「森林世界」的生存教材。

根據本書的指示，只要你邁出了第一步：對自己狠一點。那麼，你就離成功近了一點！

推薦序——一本讓我們學會生存的書

威爾遜（投行顧問）

假如我們處在一個純真的世界，你沒必要讀這本書。但是，我的假設並不成立——幾乎所有的人都會對這個命題給予嚴厲的批評，並且奉上最肆無忌憚的嘲笑。因此，這正是我竭力推薦此書的原因。

我希望讓自己的大腦變得完善起來，不再缺失幾塊重要的部分。這是對12年前我失去第一次寶貴的市場機會的真誠反省。那時我簡直是一個不折不扣的蠢貨，我相信了一些讓人變傻的理論。幸運的是，我現在不再那樣了。而且，我榮幸地看到李維文先生為更多的人提供了這樣一本「讓我們學會生存」的書。

我希望每個人都能夠變得更加「強壯」，在幽暗的森林中有足夠的安全感。但你知道，這遠遠不夠。我們不忍心獵殺別的同伴，可也不想放跑獵物。我們總是在獲取獵物和人類友誼之間面臨兩難的選擇，所以，此書定會給你一次

「讓選擇變得輕鬆」的機會。

我還希望每個人都活得幸福——在讀了此書之後，儘管我知道這是有一定難度的。我們每個人都萬分清醒地理解這一點，但至少我們能夠從中學習使生活得以進步的經驗，並在看待世界時恢復人類大腦最深層的理性。

於曼哈頓

1 CHAPTER

狼的生存關鍵：要活命，就要往前衝

失敗不可怕，屢次失敗也不可怕，可怕的是在失敗後再也不想站起來。人生本就是一個不斷試錯不斷驗證不斷刷新紀錄的歷程，我們不在關鍵的節點對自己狠一點，又怎麼會觸到成功的阿喀琉斯之踵呢？如果把狠僅僅理解為態度或表現的話，那麼想要成功依然是春秋大夢。狠是一種品質，一種精神，一種賦予戰鬥力的思維定勢，一種成功者所必須持有的生命準則。

狩獵，就是看準了就上

大學畢業後，我在家裡待了一個月，就打算去應聘一份工作——賣化妝品。當時，那份招聘廣告給了我足夠大的想像空間「我們還需要您擁有豐富的銷售創意。」為此，我蠢蠢欲動摩拳擦掌，準備挽起袖子大幹一場。但實際上，這份工作就只是在大街上推銷化妝品而已。家人和親友們極力反對，而我自己也經歷了一個患得患失、猶豫不決的過程，甚至幾乎對生活產生了絕望。那時的我，就像一個沒有在第一時間搶到甜美糖果只能獨自咀嚼過期餅乾的孩子，如同被整個世界拋棄了一般。

「我才二十歲，年輕，又有高學歷，這樣的條件還不夠優越嗎？而我卻要去街頭巷尾做一名推銷員！真是豈有此理啊！」

我明顯地感受到，內心一個「渴求舒適的我」在與另一個「需要改變的我」糾纏、爭鬥。在某個時刻裡，我差點就選擇放棄自我。我情緒低落，無力掙脫，我的世界蒙上了厚重的灰色，總覺得命運在捉弄我——這並非我想要的工

作。在其他人都在家中安心等待著父母為他們安置好工作的時候，我卻要以這樣一種方式開啟自己的奮鬥之旅。我的夢想在哪裡呢？我不斷問自己。

除了對工作本身的不滿意之外，我還有一個非常擔心的事情——我害怕就連這樣一份不起眼的工作，也無法勝任。因為我不是一個口才很好的人，對於要向別人推銷商品這件事情我絲毫沒有信心。這份擔心甚至比害怕門外風雨乃至不敢邁出腳步的心理還讓人惶恐不安。萬一不行怎麼辦，如果被拒絕了我又該怎麼辦？而害怕只能讓人更加膽怯，幸好我很快就調整好了狀態。我告訴自己，我需要一個推開房門，進入並瞭解這個世界的機會。我必須果斷嘗試。

我先是照地址投寄了一封應聘信，除了專業、特長、性格、理想以及期待薪資之外，盡可能詳細地介紹了自己。應聘信發出兩周，始終沒有回音。有位和我一起應聘的同學，已經耐不住性子宣佈放棄：「只要試過了就行了，他們的招聘一定早就結束了，要麼就是沒有瞧上我們，所以這麼久了也不給我們回復。」他找了這樣的答案來讓自己停止等待，但在我看來這更像是一個他為自己找的藉口，因為幾天後他就出去旅遊了，成了一名「失業中的旅遊愛好者」。

我的想法和他不同。我在想是不是對方根本沒有時間處理信件呢，像我一樣通過寫信求職的人應該數不勝數吧？於是我按照公司的位址查詢到了他們的電話：「你好，我看到了你們的招聘廣告，在半個月前我曾寫了一封求職信，遺憾的是沒有收到答覆。」對方說：「哎呀，寫信可不是一個好辦法，你明天就過來面試吧。」

第二天，參加面試的總共有二十多個人，但是只有我通過了。錄用我的原因並不十分清楚，我只記得面試官看著我的簡歷，只問了一句：「你認為自己能過關嗎？」

我說：「不管能不能過關，我都不會遺憾，因為我敢來，就已經戰勝了自我。」

「好，下週一你過來上班吧。」他說。

許多人在他們的生活中都越來越謹小慎微，不求有功但求無過。他們不敢承擔風險，覺得很多事情都不是他們目前的水準或能力可以做到的，甚至不是他可以奢求的，於是就什麼都不做。威爾遜總結說：「這樣的人固然很少犯錯誤，也不會成為失敗者的典型案例，但他們也不會成功！我相信所有知道自身有強大潛力卻沒有做點什麼的人，都會在年老時後悔不已…或許他們在死前才會幡然醒悟，在很多事情上自己是『可以』的，而不是『可能不行』的。」

美國股市的投機大師彼得•林奇說：「**不敢進場的人不會賠錢，但他們永遠成不了富翁。**」

一個人成功還是失敗的最重要的決定因素，其實就是你敢不敢進場。越因為害怕做不好而不敢去做，結果就可能越壞；如果你不在乎暫時的失敗，大膽地去嘗試，成功的機率反而更大。

走向成功的開始不就是這樣的簡單嗎？

生存，就是每天都要盡力

威爾遜是我十三年的摯友，他是一位成功的金融從業者，也是自我勵志的典範。在西方，十三被看做不吉利的數字——人們儘量避免去談論與十三有關的事物。但我們的友誼並沒有在第十三年出現什麼狀況，反而愈加堅固。這是因為，威爾遜和我一樣，都是堅定的「自我摧殘主義」的信徒。我們堅信並共同實踐著這一信條：**「只有像對待烈火中的頑石那樣鍾煉自己，才能冶煉出真正的鋼鐵。」**

問題是，少有人願意讓自己置身火堆。他們很少委屈自己，只是不斷地向外界提要求：「嘿，你快點給我錢、女人、大房子、豪車、源源不斷的尊重……」除此之外，他們什麼都不想幹。

這真是嚴峻的形勢，我看到全世界各地的年輕人正排著隊跳進安樂之湖，你別妄想能勸他們通過激發自身的潛能來獲取成功。「享受生活吧！」他們義無反顧地高呼，使自己成為行動的胖子和思維的懶人。

當你要求他們以嚴肅的態度來對待世界時，他們會不屑一顧樂呵呵地告訴你「請別為這個世界瞎操心，也不要多管我的閒事，如果有人把我當做獵物，那就這樣吧，反正我不會在乎什麼。」當你再次請求他警惕已經漫到胸口的湖水時，或許他還會啐你一口「走遠點，別影響我去幻想我美麗的生活！」

當遇到問題時，人們很難做到知難而上，真正勇敢地去面對。如果前行的路上出現了一個可能充滿危機的湖，很多人都不會輕易下水，只會因為擔心湖水的溫度或者可能出現的水怪落荒而逃，只敢遠遠地站在安全的地方充當一名若無其事的看客。

那麼，對他們來說生活的價值到底體現在什麼地方呢？他們又是怎樣看待失敗的體驗？威爾遜跟我講述了一名紐約股民的表現：「當他發現自己因錯失良機而丟掉了一次發財機會時，他並沒有多少沮喪之情。他一個勁地安慰自己：『聽著，幸好我沒有買進那個俄亥俄州黑手黨老闆的股票，儘管目前看來它漲勢良好，但我敢斷定，過幾天他就要關門大吉了，因為聯邦調查局正在對他進行秘密調查。』」「啊！哦！」威爾遜回應他，「那麼，老兄你的心態可真是好，即便你沒能從中分得一杯羹，你也從廚師的油膩圍裙中找到了樂趣。」

可是，如果你總是做一名看客，不能無所顧忌地走進賽場，你又怎麼可能會贏得比賽呢？如果你不敢邁出第一步，你又怎麼能體會到自身的潛力有多麼驚人呢？相信我，擁有「快樂的紐約股民」處事態度的人並不少，他們就在我們身邊。總有人會時刻提醒你，不管遇到什麼樣的問題，他們都是那麼的怯懦且自欺欺人。

在我的課程上就有一位這樣的老兄，其實他只有二十四歲，但看起來仿佛已歷盡滄桑。他曾向我控訴了他老闆的「惡行」，並大聲宣告：「我受不了了，我要辭職！讓老闆自己玩去！」沒完沒了的「朝令夕改」，讓他信心全無，遂生「跑路」之心。

這樣的沮喪之念，他有過，我有過，相信你也曾有過。可是，在困境面前撂了擔子又能改變什麼呢？最後吃虧的並不是那個讓你痛恨的上司，而是你自己。坐在最高層辦公室裡的胖子們並不會在乎為他工作的是你還是其他人，他要的只是按時完成任務。所以，在真正主宰你命運的人的詞典中，沒有同情和理解這兩個詞彙。

你扔掉的擔子，老闆只需換一個人就能重新擔起來。但因為逃避、畏縮而丟掉的工作，卻可能會是你人生中最重要的一次機會。

最近六年來，我們收集到的類似案例多達二十四萬件。這表明類似逃避困難的心理十分普遍，有太多的人需要得到證明，為此，我邀請威爾遜加入了我的諮詢公司的課題組，並在機構中設立了相關的心理課程。

我們從中總結了九個相關的具有代表性的詞彙，它們分別是

- **畏懼**：害怕有「高度」和有「難度」的事物，常常會自問：「這件事我行嗎？」
- **失落**：因恐懼導致退縮，不敢去嘗試，進而產生嚴重的失落感。
- **逃避**：選擇性地無視現實，尋找安全的地方進行逃避「啊，那件事我早忘了，別來煩我！」他們總會一邊玩遊戲，一邊這樣告訴你。
- **清醒**：總有一天，他需要看清現實，明白自己站在什麼位置——或許是在懸崖邊上？
- **果斷**：能發現自己必須做什麼，並且充滿立刻行動的力量。
- **檢視**：審視自身的意識和行為。
- **樂觀**：看到的是未來的太陽，而不是眼前的黑夜。
- **忍耐**：為了達到目標，必須忍受暫時的困境。
- **堅持**：即便沒有達到預期效果，也能鼓勵自己堅持下去。

要生存，像狼一樣勇往直前

當比爾‧蓋茨決定退學去創立微軟的時候，許多人都勸他現實一點，不要做這種冒風險的事情。同學們都好心地提醒蓋茨：「嗨，大傻瓜，你應該避開擋在人生道路上的這面磚牆，不要硬往上撞。」

然而，後來的事實顯而易見，如果蓋茨聽從了那幫「非傻瓜同學」的勸告，今天的他將是一位普通的軟體工程師，甚至只是一個不起眼的軟體銷售員，待在戴爾或英特爾等企業中下層的鳥籠裡整日對著電腦螢幕過日子。他將因為怯懦而與一次偉大的機會擦肩而過，今日的輝煌也定會是別人的。這樣的人才是真正的傻瓜。

我們人生中遇到的每一件事情，做出的每一次嘗試，都有撞到南牆甚至輸得一塌糊塗的風險，就看你是不是有勇氣來承受暫時的失敗。如果你撫摸著滿是傷痛的胳膊，告訴自己只要再試幾次，堅硬的牆壁就會被你撞穿，你的誠意必定能打動命運；如果你貪圖舒適或者懼怕受傷，轉身另尋他途，你一定會很輕易地被困難擊倒，陷入無法擺脫的「困境」。

一念之差，我們的人生就會發生改變，走向截然不同的兩個方向。我們是要邁進自己人生的新空間，去邂逅和見證昨天還不敢想像的精彩與奇跡，還是沿著昨天的平庸軌跡繼續怯懦無望地活著？這完全取決於你自己的選擇。很多人在突破了自我之後才發現「有些牆壁並不存在，有些困境也只是我們自己內心的想像。」就算它們存在，也並不可怕，它們可能一撞就破，絲毫經不起挑戰，正是人們自己的怯懦，才讓它們憑空堅固了幾百上千倍。

我們做事情時常常會半途而廢，究其原因，往往不是因為事情本身的難度太大，而是我們不斷暗示自己成功離我們太遠所致。確切地說「**我們往往不是因為失敗的出現，放棄了進一步的努力，而是因為害怕且不敢去嘗試而失敗。**」

因為懼怕失敗而不敢去嘗試，不敢讓自己有所突破，這無形之中，就是在不斷地跟自己說「不」，時間久了，就會形成條件反射。但凡遇到問題，你會本能的懷疑自己的能力，卻忽略了這件事會帶給你的回報。你會變得越來越不自信，無論面對什麼事情，都會無形地將自己束縛在一個狹窄的空間內，侷限你自己。

沒有人能夠「百戰百勝」，就連有著「股神」美譽的巴菲特也曾有過失敗的投資經歷。他自己說過，他也曾經一度怯懦、退縮、自我懷疑過。但是，他能夠擺脫這些消極情緒的困擾，並且勇敢地繼續進場，而不是被失利或懼怕失利的情緒縛住雙腿——區別在於，他會比過去更加冷靜和堅定。但很少有人可以做到這一點，因為人們總是活在對於未來不可測的失敗風險的恐懼之中。

二〇〇一年，我在長江實業公司工作時，獲得了一次去日本公司學習的機會。在日本學習的過程中，有位名叫岩井平江的同事給我留下了深刻的印象。在銷售組，岩井平江有一個「短腿豹子」的外號，他貌不驚人卻極富行動力，讓同樣努力投入的同事們自愧不如。每當組長把一項任務安排下來，其他同事還在盤算該怎麼去做時，岩井就已經在拜訪客戶的途中了。

我僅與他共事了半年左右，他就被松下公司以高薪挖走，一躍成為日本最優秀的電器銷售團隊的主管。一年後，在香港的一場電器介紹會上，我有幸與他重逢。岩井先生依然一派雷厲風行的作風。對於初入社會立志有番作為的後輩——特別是他聽說了我在長江實業公司的銷售風格和他一樣引人關注時，笑著說：「那又怎麼樣呢？當別人對你的工作風格仍處在狐疑和權衡階段時，你摘到的果子已經多得可以堆滿一間大房子了。想得多不如做得多，即便做錯了也有時間去修正。所以不要怕犯錯，只要行動起來，總會有不同的收穫，但如果把大量的時間都用在斟酌和觀望上，工作是不會有成效的。」

的確，思考的速度永遠也趕不上行動的速度，難道不是嗎？把所有的思考時間都放在行動的路上，就算失敗，也是在行動中遇到挫折的。最起碼，你用實際行動證實了它的失敗，而不像那些只說不做的創意，只能夭折於沉悶無效的會議室。在日本，我見過諸多在工作上虎虎生風的職員，他們超強的行動力和果斷的決策力令我敬佩不已，直到今天我還經常對在美國的華人創業者們提及。我們面對的早已經是一個以效率求勝的世界，快速行動才是一個良好結果的保證。只有你搶先於其他人，你才有更多的機會去贏。

在以效率取勝的今天，要想獲得成功，就必須做到以下幾點：

- **要有搶先的意識**：先於別人思考，先於別人行動。

面對激烈殘酷的市場和競爭，搶佔先機無疑是最重要的制勝要訣。第一個吃螃蟹的人總能獲益最大、吃到最多的肉，跟風者往往只能喝湯刷盤子。這是商場的成功經驗，也是職場的最高智慧。無論你是涉世未深的職場新人，還是經驗豐富的老手，都應該搶先一步佔領制高點。要讓自己成為受益者，而非跟在他人屁股後面，亦步亦趨。

要知道，當同事們還在討論該如何向客戶介紹產品特點時，岩井平江已經在路上構思他與客戶交流的相關細節了。他永遠都是第一個拿出成熟思路，並且第一個行動起來的人。這正是岩井平江擊敗眾多有實力的同事，得到上司青睞乃至被全日本最優秀的行銷部門高薪聘請的原因。

而你呢？當面對棘手的工作和一個值得嘗試的機會時，你還是以一副「我自巋然不動，任別人東西南北風」的觀望姿態瞻前顧後嗎？沒有快一步行動的意識，你在工作中就總是落於人後，永遠趕不上先行者的腳步。

• **確保搶先的效率**：在行動中去思考，節省時間並保證效果。

不要等什麼都想周全了再去行動，這樣很容易讓機會白白流失掉。即使天上掉餡餅，它也不會等你想好了該以什麼樣的姿勢去接之後再往下掉，要知道，此刻正有成千上萬的覓食者和你一樣在虎視眈眈躍躍欲試。一個商機，你不能及時把握就自然會落入他人之手；一件重要的工作，你稍一遲疑就會被別人搶走。奮力爭先固然有做不好的風險，三思而行躊躇不前卻一定會讓你錯過寶貴的機遇。你永遠都不可能想好萬全之策，千萬不要等到有十足把握之後再出手，就算萬事俱備也有欠東風的可能，永遠不要奢望零風險做事。風險時時存在，事事皆有，只有什麼都不做才不會有風險。

下面來講一個我在長江實業工作時，一位姓柴的同事親身經歷的事情：

記得那時他才剛入職兩個月，因一直沒有機會展現自己的能力，所以他在別人眼中毫不起眼。直到有一天，他做了一件令所有人刮目相看的事情。那天，他吃完午飯早早回到辦公室，在經過老總門口時聽到房內有爭論聲。他無意中聽到了產生爭論的原因，一個重要的同事突然離職，他負責的某個馬上要舉行的產品發佈會的推廣方案卻只做到了一半，現在沒人能接手，只能流產。老總萬分生氣，正在訓斥部門經理。

柴先生靈機一動，趕緊回到辦公室，找到該產品的詳細資料和產品發佈會準備的情況介紹，臨陣磨槍狠補一通，又迅速做了一個大致的備用方案。在半個小時後的補救會議上，大家都在忙著自我檢討和推卸責任，柴先生卻不慌不忙地說出了自己的想法，主動請纓，希望經理給他一次參與的機會。

「可以讓我試試嗎？我想這件事還有挽救的機會，不至於就這樣流產。」

經理非常吃驚，當他得知柴先生已經提前做好了功課時，立刻被打動，當即拍板，讓他接手產品發佈會的後續工作。結果柴先生表現得很出色，為他在長江實業的下一步發展打下了良好的基礎。兩年後，當我離開長江實業時，我特別向上司推薦，請柴先生接替我，擔任銷售部門的主管。

善於在工作中抓機會，是成功者耍「狠」的首要體現。他們不會讓自己浪費每一分鐘的時間，會全神貫注地做每一件事情，敢於以最快的速度搶先行動。只有這樣，他們才能成為真正的贏家，因為「幸運喜歡光臨勇敢的人」。越沒有風險的生意越不賺錢，越萬無一失的計畫，恰恰會出大問題。當別人還在思考時，你已經果斷地採取了行動，全身心地迎接挑戰，那麼，最終成為領先者的人，非你莫屬。

只要一猶豫，獵物就跑了

「任何事情都需要思考，生存是智慧的競爭過程。你總得給別人足夠的思考時間，然後再行動。」這是弗洛尼亞的一名歐洲留學生到華盛頓聽我的課時強調的一句話。他覺得我的勵志理念是對一個人非常殘酷的「壓迫」，就像突然把一個毫無防備的年輕人推進一個大坑，坑裡都是有毒的蛇和蠍子，然後無情地告訴他：「馬上爬上來，你就能活，如果還要一昧地思考不採取行動，你就會死。」

「哈尼夫斯基，強者會在乎只給他這一點思考的時間嗎？事實上，對於他們來說，在掉進大坑之前，早已花了大量的時間去思考，去做準備了吧？」

他猶豫地說：「並不是每個人都是天生的強者，也許會有百分之九十的人根本沒來得及做出反應，就被咬死了。」

「沒錯，」我說，「這裡是強者的樂園，從我這裡走出去的，一定是未來的強者。如果一個人沒有在平時為可能突然掉進大坑做好準備，那麼他生活的意義又是什麼呢？告訴我。他將全部的時間和精力都用在了享受快樂和體會安逸上嗎？對於任何有可能遇到的困難都要有所準備，這樣才能保證在問題發生時迅速做出反應，採取果斷的行動。這不是壓迫，而是啟動和維持潛能的必備程式。」

每個人都應該對自己狠一些。要在平時有意識地加強對行動力和思考能力的練習，只有這樣你才能在面對老闆、客戶甚至你的家人時，自信滿滿底氣十足地說：「我早就準備好了，我一定可以做好，請拭目以待吧！」只有擁有了這份自信，你才敢於接受每一個挑戰，才會在機遇到來時勇敢而果斷地將其抓住。

如果想抓住一切機會，那就不要拒絕老闆交給你的難題，更不要輕易地對老闆說「這件事我做不了」，應該欣然去接受，並努力用自己的實際行動去證明你的能力。沒有老闆會喜歡自卑和羞於行動的員工，就拿我自己來說，我也希望自己的每一個下屬都有「征服世界」的野心和自信，做不到也沒關係，但一定要有野心。不管你是初出茅廬，還是經驗豐富，一定要讓別人看到你的氣勢。一個自卑的員工，他連自己都無法征服，又怎麼能讓人相信他會給公司帶來預期的價值？只有敢於嘗試，勇於顯露鋒芒的人才會給公司帶來新的可能。

很多人常常會在上司面前唯唯諾諾，不敢輕易表明自己的想法。有的人是

對事情沒有把握，於是怯於嘗試，逃避責任；有的人是覺得自己不如別人優秀，於是害怕暴露自己的弱點，生怕被別人比下去，所以也不敢去爭取自我表現的機會。

- **這個世界上有兩種傻子，一種不知道什麼是機會，另一種則把機會當成燙手山芋。**
- **只要有一次說了「我不行」，你將有可能失去說「我行」的機會。**
- **敢於表現才能變得善於表現。相信我，在很多時候，勇氣都要比能力更加重要。**

讓自己再強一點，跑的再快一點

要對自己狠一點，除了敢於競爭，還要勇於「付出」。堅持每天多付出一小時，每天多往前走幾步，日積月累，總有一天，你會發現自己走在了別人前面。成功只有一個秘訣，那就是要比別人更加努力，比別人更能「壓迫」自己，比別人對自己更狠一點。在競爭中，不進則退，時刻都能多進步一點，你就能站得比別人高，走得比別人遠。

天上不會掉餡餅，就算掉了，也不一定會那麼幸運地砸中你。不要把自己當成天才，也不是不勞而獲的幸運兒。要想成功，只能對自己更狠一點，比他人再多付出一些。

可是，我們身邊常見的是這兩種人：

第一種，機會主義者，不但盼著天上掉餡餅，還期望掉金子，最好能砸中自己，馬上讓自己的命運發生改變。

第二種，自大主義者，盲目地信奉「我思即我得」，以為自己真的具備了超強的吸引力，想什麼就能來什麼，絲毫不考慮現實的情況，總認為坐在那裡想一想，成功就能登門拜訪。

「每天努力一點點，每天進步一點點，成功將不期而至。」

既然你不是天才，也不可能被金子或者餡餅砸中，那就靜下心來，好好規劃，用心付出。每天比別人多付出一個小時，多總結當天的工作經驗和教訓，做第二天的工作安排，補充目前所欠缺的知識和技能。先從小事做起，一點一點靠近你的目標，使其觸手可及。

在異常激烈的競爭中，每個人都在努力——除了那些單純地認為心想就能事成的幻想家。如果你想脫穎而出，那就只能比別人多付出，多努力。我很早就明白了這個道理，儘管比計畫中做的稍差一點，但至少我不曾放棄過任何一點能夠做些事情的時間。因為我知道，我想得到的所有東西，都必須靠自己的努力去得到，所以，比起等待機遇，我更喜歡自己去爭取和製造機會。當我開始找工作、坐在面試官對面時，我首先想到的不是「快給我一個機會吧」，而是「我該怎樣做，才能讓他看到我的優點呢」。

正因為我總是主動去爭取，敢於去表現，所以到目前為止總是走得比同一起跑線的人更快一些。

美國的蓋洛普民意測驗所的研究證明了我的觀點，他們對一百多位社會名流的成功經歷進行了調查，發現一個令人吃驚的共同點：「這些成功者只不過每天比別人多用了一個小時來做他們的事情。」

一個小時對你來說，能用來做什麼呢？或許你會說，可以打一會遊戲，看一部電影，看半場球賽並抽一根煙。如果你只想到這些，那麼說明你目前還不具備成為所在行業頂尖人才的素質。你對工作不夠熱愛，對時間不夠重視，似乎只對享樂情有獨鍾，絲毫沒有辦法對自己狠起來。

在工作中，我們總覺得身邊有太多比自己幸運的人，事實上，我們只看到了他們頭頂上的光環，卻忽略了他們背後的汗水。職場中，根本沒有不勞而獲的果實。很多人只知道去羨慕別人的好命，抱怨公司的不公，卻沒有好好去檢視自己，回頭去看看自己走過的路，去看看自己的期望是否與付出成正比。在這個世界上，只有少數人是含著金鑰匙出生的，大部分人是通過自己的努力，最終獲得了成功。

吳敏就是這樣一個依靠自己的努力走向成功的人。雖然看他的名字有幾分女性氣質，但他卻是一位在事業上極其成功，不折不扣的男子漢。他目前是國內一家半導體工廠的總經理。從進入公司到坐上總經理這個位置，他只用了短短三年時間。很多人說吳敏命好，但是他卻沉默搖頭，其中的冷暖只有自己知道。從進入公司那天起，他就沒有正常的上下班時間。公司規定九點開始上班，他每天總是提早一個小時到公司，他將這一個小時用來閱讀與工作相關的各種資訊。他本身是做半導體制程方面的工作，但他卻常常去瞭解和學習有關設計、包裝、市場的知識，並從這些角度來分析自己的工作。正是這每天一小時的自修，讓吳敏受益匪淺。每天不間斷的學習，拓寬了他的視野，在思考問題時，他總能從常規的框框中跳出來，快速突破瓶頸，將問題順利解決。

有一次，為了攻克一個難題，有二十多個人一起參與研究，花了將近一個星期的時間也沒做出成績來。吳敏看不下去了，就去看看究竟怎麼回事，沒想到他只用了不到一天的時間就將問題解決。眾人皆驚訝地問他是怎麼做到的。吳敏輕鬆地回答說：「我只是在你們研究的基礎上，轉換了一下思路，調整了一下研究方向而已。」

每天下班之前，他還會利用一個小時的時間，總結自己當天的工作狀況，並做好第二天的工作計畫。正是憑藉著每天的堅持和不懈的努力，吳敏的能力得到了很大的提升。總能及時地出面解決公司的棘手問題，為公司的發展做出巨大的貢獻。就這樣，他從眾多的競爭對手中輕鬆勝出，成為公司的總經理。

使盡全力才能捕到獵物

記得我離開內地，剛到香港發展時，先找了一份短期的工作，以便熟悉和適應與內地截然不同的工作環境。那是一家廣告公司，位於銅鑼灣。因為上班沒多久，和同事們還不大熟悉，我就只想通過做好自己的工作去證明我的實力，於是很少和他們交流。有一次，老闆和我在走廊擦肩而過時，突然停下腳步，回頭叫住我：「有幾個模特出了些狀況，需要重新找六位合適的人選，時間緊，任務急，事情很棘手，你有沒有信心試一試？」

老闆的臉上帶著淡淡的笑容。看得出來他對我並不抱太大的希望，只是因為剛好遇到了我，就試探性地隨口一問。或許他早就替我想好了答案：「啊，不，老闆，我可能不行，我要想一想……三個小時後我答覆您吧。」如果是這樣，他定會掉頭就走。

但是，我知道公司很缺人手，如果不是沒有合適人選並恰巧碰到，他也不會主動詢問我這個剛來沒幾天的新丁。他一定瞭解我的經歷，因為我的簡歷上清

楚地寫著，大學剛畢業，我就跑到街上賣化妝品，還做了一段時間的銷售部門、市場策劃部門的負責人。這意味著我做過不少替公司同事擦屁股跑腿的工作，有一定的應急工作的經驗和能力。

我馬上信心十足地對他說：「行，沒問題。」雖然對這項任務我完全沒有把握，但我的回答仍然毫不遲疑：「您放心吧，我一定完成任務。」我當時的想法就是「把任務拿到手，再想對策。」只要你去認真做，這個世界上就沒有解決不了的事情，總能在行動中找到辦法。

那個上午，我先用十分鐘的時間翻遍了所有客戶的通訊錄，從中篩選出資源最豐富的三家模特公司，然後挨個給他們打電話。前兩家都為難地表示了拒絕，因為離服裝發佈會僅剩三天多的時間。區區三天就要完成挑選和訓練模特的繁重工作，看上去是不太可能的事情。第三家公司沒有明確拒絕，答應我可以試一試，然後我立刻去了他們的模特現場，試鏡、錄影，從幾十個人當中初選了十二位模特，然後我帶著影片火速趕回公司和其他同事一起開會討論，以確定最終的六位人選。

好心的同事紛紛提醒我。

「這是『工作陷阱』，老闆想整治或開除某個人時，就會給他一個不可能完成的任務。等你完不成時，就只能走人。」

「他只給了你三天時間，你根本不可能完成。訓練的時間都不夠，要知道之前的那幾個模特用了半個月的時間去訓練，還沒達到讓他滿意的效果。」

「李，你得罪過老闆嗎？」

「他是不是在跟你過不去？」

「喂，小心點，咱們老闆可是一個『腹黑』的傢伙，他經常用這種辦法開除員工！」

聽完同事們好意的提醒，我迅速做出了自己的判斷：首先，這個工作的確是公司目前的突發狀況，無論如何總要有人去解決；其次，我印象中並沒給老闆留下過任何不良的印象。最後，我清楚了這是一次難得的機會，更堅定了決心。

為了節省時間，我只好說服模特，每天加班到晚上十一點，並向公司申請了夜宵和適當的補助，還合理提高了報酬。模特們都很配合。我陪他們一起爭分奪秒苦練，最終在三天內完成了十天的工作量。在發佈會上，她們的表現相當出色，成功地完成了公司安排的表演任務，這讓老闆長長地舒了口氣。

此後，凡是附加價值高的工作，老闆都會優先考慮到我，並且在我準備離職時，很有誠意地挽留我留下來繼續工作——他開出了高出公司同一級別職位兩倍的薪水。儘管我婉言謝絕了，但他直到現在都與我保持著很好的關係。我們經常會通電話，互相交流。談及當年，言語中，他仍流露出幾分對於人才求之不得的遺憾。

對一名新人來說，最好的表現機遇，就是救火的機會，在關鍵時刻的表現效果會強過平時工作的幾十倍、幾百倍。我們可以看到職場中有許多升職快得像坐電梯的人，他們升職快的最主要原因，就是表現出了無與倫比的救火能力。當老闆需要有一個人義不容辭地站出來承擔責任時，他們可以立馬跳出來，充滿自信地爭取和接受任務。而他們在那些很有挑戰性的工作中的亮眼表現，既體現了他們的自我價值，也得到了老闆的讚賞，同時，也為他們打造出了一個超強的氣場——讓身邊的人感受到了他們的「震懾力」。

他們之所以敢於在遇到事情時，先行動再思考，是因為他們之前是有相關準備的，已經具備了敢於出手處理那些事情的能力。並非魯莽行事，亂打亂撞。要想搶佔先機，先行一步，至少你要具備足夠的實力。切勿好高騖遠，不考慮自身的實力，一遇到事情就一頭紮進去，那麼早晚有一天你會栽跟頭。要知道，盲目的自信就等於自負，而自負的後果比什麼都不幹的後果還要可怕。

有些事情如果你確實幹不了，就不要為自己挖陷阱，不要妄圖大包大攬，充當無所不能的「超人」。我們要做的是在平時做足準備，而不是機會來了就信口開河。

「自信是一種感覺。」李開複的這句話無形之中誤導了很多人，讓無數想有所作為的人陷入了自我感覺良好的誤區。憑著感覺做事一定會失敗，不管你的信心有多強，熱情有多高漲。自信從來都是建立在理性的自我評析的基礎之上，它既是需要長期堅持的一種生活和工作習慣，也是對自我全方位的瞭解和洞察。你必須對自己的實力知根知底，要有自知之明，明確自己的優點和缺點是什麼。在平時工作的過程中，清楚有哪些範圍是你可以勝任的，還有哪些領域是你的短板，需要去改善的。清楚了這些，當機會來臨時才能從容不迫地去把握。從來都是手中有糧，心中才能不慌。如果你什麼都不做，或者把你的自信用錯了地方，你就只能受傷。

獵物不會自己跑到你嘴邊

「你為什麼不能跟他爭？」我問倫克。他想了許久都沒有給我一個明確的答案，只是在強調一些客觀理由。在一家汽車銷售公司的副總裁之爭中，倫克不幸落敗。更不幸的是，他出局的原因並不是自己實力不濟，而是一開始就主動棄權。

倫克哭喪著臉，聳聳肩說：「我也不知道為什麼會那樣，也許是我害怕失敗，也許是對手實力太強，給我的壓力太大。我想，或許退出是最好的辦法？於是我就這樣做了。」

事實上，倫克的工作能力並不差。就在上個月，由他帶領的銷售小組剛拿下了一筆國外的大單，僅此一筆收入就使得公司提前三個月完成了本年度的業績目標。而且由威爾遜的調查小組發回來的訪問報告顯示，該公司超過70％的職員都認為倫克更有資格擔任副總裁：「因為他不僅擁有出色的業務能力，還是一位頗具人格魅力的上司者，如果由他來上司我們，將是一件幸事。」

究竟是什麼原因致使倫克失去了競爭的勇氣，以至於看輕了自己的能力呢？可惜我沒能聽到真正的原因——倫克並沒有在培訓中心待太久，而且他也不太願意向別人傾訴心事。相信以他自身的實力，在職場中應該不會再有太大的問題。我們更關心的是，還有多少人像倫克這樣，即便面臨難度並不大的競爭也會無意識地主動退讓，選擇了一種和平但卻有損利益的方式去應對？

有一句話說得很好：「沒有試，沒有爭，我怎麼就知道自己不行？試試就能行，爭爭就能贏。」你必須要敢於競爭，連爭都不敢就只能失敗，只有爭了才有勝的機會。在一個競爭異常激烈的環境裡，你若不力爭上游，就只有被淘汰。既然有往上踏一步的機會，為什麼還要拱手相讓？雖然退讓是一種美德，但因此就無原則、無節制地放棄競爭，則是愚蠢至極的行為。

很多人都本著「以和為貴」的處事原則，努力在同事中留下一個好印象。他們想讓自己看起來是一個「老好人」，跟誰都一團和氣，始終保持一種「中立」的態度，向來不跟別人爭論什麼。他們甚至天真地以為這樣就能與別人和睦相處，還能擁有一個穩固的位置，但結果卻適得其反：他完全失去了競爭力。

到頭來，他只會讓同事瞧不起，被當成軟柿子捏來捏去；也自然不會被上司看中，反而會被認為沒有主見，無法勝任有挑戰性的工作。他出讓了應得的利

益，卻也只落得這般田地。不得不說，他的做法有很大的問題。害怕競爭，處處退讓，是對自身能力的不尊重，也是對自己潛能的漠視。這不僅僅是懦弱的表現，也並非完全出於禮讓和與人友好相處的目的，而是在為自己尋找一個放縱自己的藉口。

我們與同事、朋友之間，往往存在既合作又競爭的關係。不管多好的朋友，當涉及利益時，你們就既是盟友也是對手。很多時候還會出現利益的衝突，需要徹底地站在對立面，刀劍相向，劍拔弩張。如果這時候的你還要擺出一副義薄雲天的模樣，不去爭搶，甚至還主動退讓，仍偏執於朋友義氣，而捨棄太多的實際利益，最後吃虧的一定是你，而且你也很難獲得對方的尊重。

敢於競爭的人才是強者，只有強者才能讓更多的人尊敬，也只有強者才會有讓別人主動去與他結交的人格魅力。爭勝未必能勝，但至少可以多一些成功的機會，並且能在競爭的過程中提升自己的能力。將軍們都是在戰場上摸爬滾打磨礪而出，並非在學校裡培訓教育出來的。俗話說：「不想當將軍的士兵，不是好士兵。」一旦進入這個社會，就必須學會去競爭且敢於競爭，待到千錘百煉之後，才會擁有更多的勇氣和信心，才能擁有必勝的決心。

在職場中，與同事之間的競爭在所難免。競爭時，把握好分寸和方式很重要，這就需要明確以下幾點：

- 跟你的同事競爭，**不是非要爭個你長我短**，你死我活。勿逞無聊的口舌之快，要在工作中勇於與同事一起接受挑戰，在公平的競爭中相互激勵，共同成長。
- 跟你的同事競爭，**不代表凡事都斤斤計較**，沒事找事，逞強好勝。要秉持「工作中既是夥伴又是對手，生活中既是朋友又是知己」的原則。
- 跟你的同事競爭，**也要看清重點**，不能被蠅頭小利蒙蔽了雙眼，為了暫時的利益丟掉自己的未來。你必須清楚地知道什麼才是自己真心想要的，是有必要去與他們爭搶的。只有將利益分清主次、輕重之後，才能在關鍵時刻讓自己的利益最大化。

公司員工之間良性的競爭，是公司不斷發展的保障，也是公司不斷發展的希望所在。只有通過不斷的競爭，才能更好地提升員工的能力，從而為公司創造更多的業績。同事之間的競爭是必不可少的，畏懼競爭，就只能被淘汰。

雖說，競爭是一個令大多數人都感到膽怯、畏懼的存在，但是我們卻必須時時面對各種無情的爭鬥，有形的，抑或無形的。隨著社會的競爭日益激烈，你想逃避競爭的想法也只是你的一廂情願。與其害怕職場的「明槍」「暗箭」而選擇逃遁，倒不如一輩子都老實待在家裡做你的「宅男」「宅女」好了。為什麼非要走出家門去打拼呢？試問，那份被你念念不忘的所謂的雄心壯志又去了哪裡？你不該為它多一些勇敢嗎？只有在與同事的競爭中，不斷地展現、磨煉自己的能力，體現出自身的價值，才會得到別人的尊敬和器重，才會為自己贏得不可動搖的一席之地，才會在職場中順風順水，才會實現自己最終的夢想和抱負。

隨著全球性人口激增，工作崗位的數量與求職人數的比例嚴重失調，使得每個人的就業壓力與日俱增。同時，企業間異常激烈的競爭，使得企業不斷提高自身的競爭力。為此，他們會不停地洗牌，選擇優秀的人加入，然後將平庸的人辭退。只有不斷補充優秀的新鮮血液，才會為企業帶來創新與活力。在這樣的環境下，競爭的壓力越來越大，不爭不搶你就無法入圍，只能被淘汰出局。因此，你必須用自己的實力去說話，去證明自己對公司來說是如此的不可或缺。

那我們又該如何去向別人證明自己的價值呢？一個企業評估一個人才無非就是遵循「結果導向」，只有在與同事不斷的競爭中得到成長並獲取勝利之後，你才能證明自己的實力。也就是說，如果想要在自己的事業中多一些勝算，就一定要去做一些實質性的事情證明給別人看。比如，也許天天加班是個好辦法，也許你希望通過做比別人多的工作去證明實力，也許你會選擇幫助別人做更多額外工作來獲取別人的好感。這些做法也許能讓別人看到你的踏實勤奮、吃苦耐勞，但收效甚微。與其說是在努力證明，倒不如說是在自我剝削。因為，你能做到的這些，任誰想去做都能做到，沒有半點競爭力可言。真正的自我展示，應該是找到自己的核心競爭力，在工作中找到自己的專長，以求在關鍵業務上能戰勝對手，體現出你非凡的價值，進而成為老闆和上司的得力助手。這樣的證明方式對於年輕人來說更加重要。

由此可見，敢於競爭只是第一步。最重要的是第二步：我們該拿什麼來爭？

你不能永遠只做一個默默無聞的小兵。你必須要修煉好內功，把自己的工作做到極致。但是工作做得好只有自己知道是沒有用的，要讓別人也知道你做得很好，好到讓人覺得你無法被替代，好到你得到了真正配得上你的讚譽和回報。直到這個時候，你才真正形成了自己的核心競爭力。此時，你也才有資格去與別人競爭。

所以說，不能盲目競爭。比如一個剛大學畢業的年輕人，你能讓他立馬去跟李嘉誠一決高低嗎？這根本不現實，即便他有這樣的潛力，也需要時間的打磨。競爭並不可怕，可怕的是無知與無智的競爭。在競爭之前，在向對手發起挑戰的時候，必須要清楚自己的份量。當然，也不能因此就妄自菲薄，輕言放棄。要堅持理性競爭，這將大大提高我們的勝算機率，從而增強自信心。

「樹不爭高不成材，人無壓力不成器。」機會是自己爭來的，是在競爭中搶到的，強者也是在不停地競爭中得以茁壯成長的。人生價值最高的體現，永遠是屬於那些昂揚向上的人，而不是蹲在樹下休閒納涼的人。我們要像森林中那些互相爭高的樹一樣，不甘落後、奮力往更高的方向生長，只有這樣才能汲取更多的陽光，獲得更多的養分。否則就只能被遮蔽，活在其他同伴的樹蔭下，並將長成參天大樹的夢想遺忘。

永遠只專注在眼前的獵物

在洛杉磯的一次講座中，來自各地的一百多名大學生熱情地講述著他們的理想，暢談著未來五年的美好藍圖。但當問及他們有什麼特長時，很多人就低頭不語，說不出自己的優勢是什麼。他們中的許多人都是美國名校的學生，可是面對我的「你在大學學到了什麼，你最擅長的是什麼？」的問題時，他們還是一臉茫然。

當我重複了一遍問題後，來自美國賓夕法尼亞州的白人女孩格蘭妮大聲戲謔地說道：「對我來說特長就是嫻熟的翻牆技術，這個算是我在高中時練成的獨門絕技。高中時我就讀於一所全封閉式貴族學校，為了每天能出去跟男朋友約會，我只好無數次的練習翻牆。至於其他的優勢，還真想不出來。」

她的話音未落，其他的同學們便哄笑起來。沒錯，這也可以算作一種特長，但卻不是我們需要的。我在此強調的分明是一個對我們的成功來說非常重要的詞——優勢。它不是幫助你翻越學校高牆的技巧，也並非在遊戲中助你一臂之力的必殺技，而是能使你活得更好，讓你比其他人得到更多社會尊重的決定性力量。

有一次，我問公司的小李：「你覺得自己的優勢是什麼？」

她撓頭想了半天，然後告訴我：「我踏實苦幹。」

這是優勢嗎？很顯然，每個人如果願意，都可以像小李一樣踏實又苦幹。這是人們在工作中的共性素質，而不是個性素質。如果你誤以為這就是你獨一無二的優勢，那就大錯特錯了。因此，我對小李提出了建議：要在踏實的基礎上增加銳氣，在苦幹的前提下提升效率。

如果她既踏實又有進取心，既能苦幹又有工作效率，那麼能跟她競爭的，就沒幾個人了。這才叫優勢，因為很少有人能同時做到這些。

在職場中，你的優勢就是別人無法取代的核心競爭力。我們不管幹什麼事情，要想成功都必須擁有自己的核心競爭力。只要你擁有了競爭力，就算你是職場新人，也不會輕易輸給別人，且能做出一番出色的成績。對你來說，你的職場將充滿各種可能，你也會站到你想要的高度。要知道，現在的企業最需要的就是一專多能的複合型人才。作為一個職場人，一個求發展的打拚者，一定要有自己的優勢和專長。優勢在一定程度上就是你的最高價值和最終價值的體現，是幫助你釋放自身影響力的重要工具。一無所長的人，他是很難贏得同事的認可與上司的青睞的，也難以在這個社會中為自己取得想要的地位。

職場就如同危機四伏的森林，到處都是潛伏著的獵人和即將扣動的扳機。在那裡，競爭無處不在，狠人到處都有，他們時刻窺視著自己的獵物和對手。為了生存，你必須眼觀六路，耳聽八方，刀槍不入，身懷絕技。如果你只想著踏實地埋頭幹好本職工作，那麼你註定平庸無為，只能一輩子守著眼前的「本職工作」過活。日復一日機械地度過枯燥的八個小時，然後下班回家，領著微薄的薪水糊口度日。那些升職、加薪、出國學習之類的好事情永遠不會輪到你頭上。為什麼呢？因為大家的本職工作都幹得不錯，除此之外，別人還有更強的競爭力。而你，在上司的眼裡，沒有一點閃光之處，只是一個能幹活的人而已。

因此，最重要的事情不是只幹好本職工作，而是你應該充分體現出自己的優勢，並且要讓別人看到。就像在體操比賽中，作為選手的你在做好規定動作的同時，還應該拿出一些加分的動作來讓人們「眼前一亮」。也就是說，你一定要有個人的優勢。要讓裁判看到，這個動作是其他選手做不了的；要讓老闆知道，你有其他同事所不具備的素質，它會讓你在與別人的競爭中脫穎而出，增加勝算。

對於優勢和特長，很多人的理解和認識還很空泛。

同樣的問題，除了問過小李之外，我還詢問過公司的其他員工，也曾在課程上，問過來自不同國家和地區以及不同公司的學員。他們在說起自己的特長時，都有些無所適從。「咦，我的特長是什麼？」他們總要想半天，不明白究竟該如何去回答。絕大多數人在聽到「特長」這個詞時，都本能地想成了工作能力以外的娛樂性的東西，比如唱歌，跳舞，打球等。

來自美國南部的康妮說：「我沒有特長，因為我除了工作一無是處。」

正像康妮一樣，人們普遍的認識都是如此。但事實上特長的概念非常廣泛，它不僅指我們在生活上的特長，更傾向於事業上的能力。

就像有的人對於處理客戶糾紛很在行，而有的人則對於解決技術難題很拿手，還有的人非常善於調節氣氛……像這些都算是一個人的專長，我們都可以稱之為工作中的特長。管理學上認為，專業特長是決定企業成敗的關鍵。在競爭中，你一定要清楚，你專業上的特長、你的核心競爭力究竟在哪裡？

對一家公司來說，它要想在市場上立於不敗之地，就必須具備同行業的對手們所沒有的競爭優勢。它的這個優勢，也將成為消費者選擇它的根本原因。同理，一個人，要想在職場上獲得同事和老闆的賞識，獲得晉升的機會，也必須擁有比別人優秀的地方，它就是你核心的優勢，你特有的競爭力。你要先將你的特長變成武器，為企業創造出價值之後，才能在企業中進一步實現你的個人價值。

特長多自然是一件好事，但切忌博而不專。也許你懂得很多，你的知識面也很廣，但卻沒有一個是足夠專業的，你就不能把這些都列為你的優勢。你必須先確保在某一個領域是非常專業的。換句話說，一個人最起碼要讓自己在某一方面擁有強勢的能力。

有一名大學生去求職，特長才藝密密麻麻寫了一大片，讓人看得眼花繚亂。用人公司就問他：「你最大的特長是什麼呢？」大學生一聽來精神了，洋洋灑灑地說了許多，自己這個也行，那個也行，好像沒有什麼是不行的，處處都是「優點」。

可對方聽完後搖搖頭說：「你會的東西挺多，但是卻沒有真正的專長啊。」

有人問一名作家，你為什麼要寫作？作家回答說，因為我在寫作上具備競爭力，我能比百分之九十九的人寫得好。沒錯，他能做到那最好的百分之一，於是他堅持下去並取得了成功。

不管在亞洲還是在歐美，在年輕人中不乏博學的人，但沒有專長和特長的人卻更多。到處都是泛才，每一項都只能得六十分，卻沒有一項能夠超過九十分。這樣的人，說白了還是沒有自己的優勢，他們也難以認識到優勢的重要性。他們可能自認為博覽群書知識淵博，足以幫助自己完成人生理想。但是，能在他的成功過程中起到決定作用的，並不是那所謂的淵博學識，而是某一種突出的能力。

應該怎樣去有意識的培養自己的優勢，打造自己的核心競爭力呢？

・**要深入分析自己的性格**，對自己進行一個深刻的剖析。

性格決定命運。要想培養自己的專長，你必須先搞清楚自己是一個什麼樣的人，要結合自己的性格優勢來發展自己的特長。有時候，選擇比努力更加重要，只有最適合自己的，才能成為自己的特長，強扭的瓜不甜，千萬不能跟自己過不去。

・培養自己的興趣之前，你**要先確定自己想成為什麼樣的人**。

樹立目標非常重要，這決定了你的努力方向，在大方向確定的前提下，結合自己的興趣，進行有針對性地選擇。例如，你若是喜歡做銷售，那就明確這個方向，多學習銷售方面的知識，讓自己在銷售這個領域內成為至高無上的強人。

- **要分析現在的生存環境**或工作平臺，還要清楚別人的優勢。

要多看看他人，不要只盯著自己。孤芳自賞是行不通的，必須在結合自己的性格和興趣的同時還要看到別人所具有的優點，然後再去進行分析和比較，為自己尋找一個釋放價值的位置。要知道，人必須要適用於社會。你所努力的方向，必須要讓自己在這個社會上有市場、有價值。多看看比自己優秀的人都在做什麼，他們有哪些優勢，有哪些是你可以借鑒的，這也是培養自己優勢的一個捷徑。

在競爭愈演愈烈的今天，出門就得亮招牌，沒有招牌你就只有被動挨打的份。因此，打造你的長處，突出你的優點，就是在形成你的競爭品牌，形成你的核心競爭力。

2 CHAPTER

跟狼學耐性：狩獵，就是漫無止境的等待

武林秘笈的最高境界是「無招勝有招」，道家的至上理論乃是「清靜無為」，古今所有智謀最高的法則都是「謀定而後動」，故有思考有預演並且遵守自然規律的「狼行為」才是一擊命中的制勝法寶。懂得蟄伏，懂得忍耐，懂得克己制勝是成功者必須修煉的利器。

潛伏，只在最好的時機行動

博列寧是我認識的最出眾的投資家之一。他從二十世紀八〇年代末期開始涉足金融市場，接連開辦了四家證券公司。但都因為他過於激進和冒險，使得他的公司在兩年的時間內接連關門大吉。他賠了許多錢，在很短的時間內就從一位千萬富翁變的身無分文，負債累累。

從一九九一年開始，博列寧在華爾街消失了，完全銷聲匿跡，這著實不符合他一貫的作風。人們紛紛懷疑並猜測他自殺了。《華爾街日報》的專欄記者傑佛瑞•卡納達說：「他在一周之內就賠掉了客戶的兩億美元，這可真有他的！我猜測他可能獨自駕車去了海邊，然後在一個浪漫的淩晨飲彈自盡。這完全符合博列寧的風格，他是一個喜歡浪漫的人，就算輸錢也會如此的風光無限，不得不讓人讚歎。」

卡納達的預言並沒有成真。博列寧並沒有選擇向命運投降，他只是選擇了暫時隱退，伏下身，變成了一個狡猾的潛伏者。他忍受著內心失敗的痛苦，及時敏銳地找到了自己失敗的原因，理智地反思了自己的不足，冷靜地等待著東山再起的時機。他就住在紐約郊外的一棟舊房子裡，堅持每天花一個小時研讀財經新聞，其他更多的時間則用於收集各行各業的發展資訊。

六年後，當美國政府頒佈新一輪的寬鬆貨幣政策時，他早已充分瞭解了柯林頓的民主黨政府對於金融市場的基本政策和引導方向。這讓博列寧看到了機會，立刻籌集了四千萬美元重新入市，成立了一家證券投資機構。一年後，他的公司資本就翻了兩倍，當年的盈利額高達一億二千萬美元，為客戶創造了百分之三百的投資報酬率。

偉大的成功者都能充分地看到自身的不足——至少是當下尚不成熟的方面，然後耐心地去改進，潛心積蓄實力，等待著未來的機會，而不會急於冒進。要想克服贏的渴望與輸的恐懼，耐心地等待機會和遵守嚴酷的規則，才是最好的辦法。這就是我在美國看到的那些華爾街大鱷的成功之道。他們每個人都是狠角色，不會倚仗財富去豪擲億萬砸出機會，而是選擇對自己狠一些，他們擅長壓制內心的欲望，善於機智地運用市場形勢的變化來為自己博取良機。

在我們身邊，那些所謂的「狠」角色，常常收效甚微，甚至一敗塗地，這是因為他們沒有做到真正的狠，不懂得隱忍和伺機而動。職場中，總存在這樣一種人，他們看上去工作很賣力，敢於吃苦，全身心地撲到工作上，將所有的精力和時間都奉獻給了公司。他們明明很拼命，卻得不到提拔；明明很積極，卻得不到肯定。

當遇到這種情況時，很多人首先想到的就是抱怨：

「公司不重視我，上司也不正眼瞧我，他們都對我有想法……」

「上司在故意壓制我，他就是不給我機會，不讓我升職……」

「我還要忍下去嗎？不，我要馬上去找他們攤牌，拿回我該得的東西！」

你就這樣爆發了。於是，你出局了。為什麼會這樣呢？類似的事情為什麼總是頻頻地上演，人們卻從不汲取教訓？當問題出現時，應該先反思一下真正的原因是否在自己身上，是否對自己足夠狠了，然後平息怒火努力去改進。不應該一遇到問題就馬上爆發，急於將責任完全推給別人，這樣的魯莽行事，只會讓你輸得一塌糊塗。

那些在遇到事情，選擇在第一時間往前衝的人，已經具備了難得的冒險精神，但是不能只知道低頭趕路，也要抬頭看看天，審視一下四周的形勢，並且要根據形勢不斷地調整自己的行進方式。

一旦發現機會，除了大膽往前衝之外，也要提前做好準備，不要打沒有準備的仗。雖然你沒有大獲全勝的把握，也不要抱著僥倖的心理上陣。不管是在當今的社會競爭中還是古代的戰場上，「匹夫之勇」很大程度上都是戰敗的根源，也是成功路上的絆腳石。對於那些魯莽行事，有勇無謀的人，很多時候都成了替真正的狠人開路墊腳的炮灰。

大多數的人之所以遲遲找不到工作的原因在哪裡呢？他們在求職時，花了大量的時間去廣投履歷，卻絲毫沒有靜下心來去做一些準備工作。他們不瞭解自己所要應聘公司的基本情況，甚至連公司的名字都說不全，即便通過了履歷的篩選，到了面試環節，一旦主考官提及一些工作上的實質性問題，他就只會傻眼，了無頭緒，無從作答。他們雖然很勇敢地去抓機會，充滿熱情地想要展示自己，但像這樣無準備的面試，只會浪費彼此的時間，而且無形中也讓他們失去了自信。

我始終記得，一位華人畢業生到我在加州分公司面試時的情境。他從國內畢業就來到了美國發展，希望能找到一份讓他滿意的工作。到了最後環節的複試，由我親自面試他。面試之前，人力資源部門的同事給我的資料顯示，他們對這個學生的評價非常高。

對這樣的一位「高人」，我自然心生好奇，一個初出茅廬的學生，到底是怎麼打動我那些苛刻的同事的呢？在面試時，不管我和他聊公司的企業文化價值觀，還是公司現在所在行業的發展態勢，他都能結合公司的背景說出一些自己的看法，雖然不見得很成熟，但他最起碼說得頭頭是道，很有自己的觀點。這說明他在之前曾對此做了充足的功課。

我問他，你一個剛走出校門、走出國門的學生，怎麼會對我的公司有如此全面的瞭解。他不好意思地笑了。原來，一接到公司的面試通知，他就把公司網站上的資訊都列印了出來，在來應聘之前的幾天裡，沒事兒就拿出來琢磨研究，他還詳細瞭解了公司所處行業的現狀與未來的發展態勢。

他做了充足的準備，就像研究心愛的事物一樣研究公司的情況。一時之間，我被他的這份熱情和用心打動。而公司需要的，就是這種用心的員工。事實證明，在日後的工作中，他都會把自己的工作做到盡善盡美，進步非常快。慢慢的，我會親自給他安排一些工作，因為，我覺得把工作交給他做很放心。這樣的人是值得去信任，應該被提拔的，而且也必須給他更多的表現機會，讓他的付出得到足夠的回報。

累，也要咬牙撐下去

有一位著名的推銷大師，即將告別他的推銷生涯，應行業協會和社會各界的邀請，他在該城中最大的體育館，做告別職業生涯的演說。當天，會場座無虛席，人們都在熱切地、焦急地等待著這位當代最偉大的推銷大師出來做一次精彩的演講。

當大幕徐徐拉開，舞臺的正中央吊著一個巨大的鐵球。為了支撐這個鐵球，臺上搭起了高大的鐵架。有一位老者在人們熱烈的掌聲中，緩緩步出，站在鐵架的一邊。他穿著一件紅色的運動服，腳下是一雙白色運動鞋。

人們驚奇地望著他，不知道他會有何舉動。這時，有兩位工作人員，將一個大鐵錘抬上來，放在老者的面前。主持人隨即對觀眾們說：現在需要兩位身體強壯的人，請到臺上來。好多年輕人都躍躍欲試，瞬間就有兩名動作利索的人跑上了台。

老人開口和他們講了規則，請他們用大鐵錘去敲打那個吊著的鐵球，直到讓它盪起來。

一個年輕人搶先拿起鐵錘，拉開架勢，掄起大錘，全力向那吊著的鐵球砸去，一聲震耳欲聾的響聲過後，那吊球卻動也沒動。他用大鐵錘接二連三地砸向吊球，很快就累得氣喘吁吁。

另一個人也不甘示弱，接過大鐵錘把吊球打得叮噹作響，可是鐵球仍舊一動不動。

台下逐漸沒了喊叫聲，觀眾好像認定他們的做法是沒用的，紛紛等著老人做出什麼解釋。

待會場恢復了平靜，老人從上衣口袋裡掏出一個小錘，然後認真嚴肅地，走到那個巨大的鐵球旁邊。他用小錘對著鐵球「咚」地敲了一下，然後停頓一下，再一次用小錘「咚」地敲了一下。人們奇怪地看著，老人就那樣「咚」地敲一下，然後停頓一下，就這樣持續地重複著。

十分鐘過去了，二十分鐘過去了，台下的人們早已開始騷動，有的人乾脆叫罵起來，人們用各種聲音和動作發洩著他們的不滿。老人仍然十分認真的一敲一停地工作著，他好像根本聽不見人們在喊叫什麼。人們開始憤然離去，空缺的座位越來越多。而留下來的人們好像也喊累了，漸漸地安靜下來。

大概在老人敲打了四十分鐘後，坐在前面的一個婦女突然尖叫了一聲：「球動了！」霎時間整個會場立即鴉雀無聲，人們呆呆地看著那個鐵球。那球以很小的擺度動了起來，不仔細看很難察覺。老人仍舊一小錘一小錘地敲打著。吊球在老人一錘一錘的敲打中越盪越高，它拉動著那個鐵架子「哐」「哐」作響，它的巨大威力強烈地震撼著在場的每一個人。終於場上爆發出一陣陣熱烈的掌聲，在掌聲中，老人緩緩轉過身來，將那把小錘慢慢地揣進兜裡。

老人開口講話了，他僅僅說了一句：「在成功的道路上，如果你沒有耐心去等待成功的到來，那麼，你只好用一生的耐心去面對失敗」。

有多少人能在工作中沉得住氣並付出自己的耐心呢？大多數人都不善於潛心付出，沒有在工作到來之前做好充分的準備，往往需要付出十分力時，他們卻只準備了七分甚至更少。對於一名合格的銷售人員來說，他要想成功地賣出自己的產品，就必須沉得住氣，提前做好準備，瞭解客戶的購買需求，善於挖掘客戶的心理，並根據他們的需求找出自己產品相應的優勢。如果不做足這些功課，只是簡單機械地向客戶介紹自己的產品，你肯定會被拒絕。機會是給那些有準備的人的，即便你跑得再快，衝得再靠前，機會也不會在你沒有充分準備的情況下砸中你。

以前我在日本實習的時候，常聽人講起一個故事，有一個人在松下公司當銷售員，每天總是第一個衝出公司去拜訪客戶，直到公司下班之後，他才拖著疲憊的身軀回來，但是他的業績卻很差，曾經一度面臨被辭退的境地。他非常苦惱地找同事們訴苦，抱怨自己的運氣不夠好。同事就問他，對於你曾經拜訪過的客戶，他們的情況你都瞭解嗎？他搖搖頭。同事又問他，那你今天拜訪的客戶情況你瞭解嗎？他又搖搖頭。同事再問他，那你清楚你明天要拜訪的客戶的情況嗎？他還是搖搖頭。

同事就說了，這根本不是你運氣不好，而是你在完全沒有做準備的情況下就沖到了客戶那裡，卻對客戶的情況一無所知，這樣下去，你的業績肯定上不去。

要想獲得一個商機，你最起碼得先瞭解對手和客戶的大致情況，然後才能對症下藥。這個準備的過程是必不可少的，如果你不能有耐心地將這些功課做足，即便將來機會出現了，你也不可能把握住。這也是博列寧在遭受了慘痛的失敗後得出的教訓，他隱居的幾年時間裡，就是在彌補過去的失誤，為了今後的成功做準備。所以，他才能在時機出現時，立刻東山再起，成為華爾街的知名投資家。

許多人之所以在工作中沉不住氣，很多時候都是急於求成的驅使，特別是對利益和功勞的急切追求。功勞也是一種機會。如果你做了事，卻被同事或上司搶了功勞，你定會難以接受。這是一種不公正的現象，卻也相當普遍。有太多在工作中勤勤懇懇，任勞任怨的人，卻始終得不到提拔。面對這樣的狀況，你會怎麼辦？要立馬去和別人生奪硬搶嗎？這實在不是一個明智之舉。要知道，不管何時，做人都比做事更重要，千萬不要衝動行事。

你必須知道：

◎上司搶你的功勞是非常不對的事情，但不管你心裡如何憤怒，也要找到一個有效的解決方法。

◎切勿因為爭搶功勞而與團隊為敵，這無異於自掘墳墓。

◎槍打的通常都是為了自己利益而不顧其他的出頭鳥。

看到最大塊的肉再行動

在這個世界上，我們每個人都不是一個孤立的存在，都必須要和別人產生交集。有人的地方就會有矛盾，有人的地方就存在利益紛爭。不管在哪個國家，哪個企業，這都是不可避免的境況。當面對種種利益的誘惑時，必須進行理性的、有選擇的爭搶，該搶的時候絕不手軟，但是在不該出手的時候，你要懂得隱忍，等待真正屬於你的機會。「官高一級壓死人。」千萬不要挑戰這句話的權威性，切忌硬碰硬，和上司正面交鋒，要找到一個真正行之有效的方式去與之抗衡。

很多時候，當我們的工作做得比較出色時，都會很想得到老闆的獎賞，這是人之常情。而我們的上司也有同樣的期許，他們也希望能得到自己上司的稱讚，也希望得到更大的提升。他們可能會將你幫助完成的工作或者你獨立完成的工作拿去充當自己的成果，拿去邀功。如果在這個時候，你衝動地站出來跟老闆講明這些工作是你做的，那麼很抱歉，你在這個公司的日子也基本上要結束了。

要知道，你的上司之所以能成為你的上司，是有一定理由的，起碼相對於你來說，老闆必定會更信任他。而他對你的評價會直接影響到老闆對你的印象。所以，當遇到這種狀況時，**要先搞清楚究竟什麼樣的利益才是你最需要的，不要輕易行動，要學會隱忍，巧妙地去權衡和解決個人利益與他人利益之間的矛盾。**對利益的取捨也是一門充滿智慧的學問。

特別是在團隊工作中，利益的取捨會顯得更為重要，因為每個人對團隊的貢獻不可能完全對等，總會有人貢獻比較多。但是，若是認為自己貢獻較多，便耀武揚威，斤斤計較，勢必會破壞團隊的凝聚力，很容易被別人排擠和孤立，要知道你的功勞是整個團隊共同努力得來的。如果在團隊協作中你過份強調自己的功勞和利益，通常都會一無所獲，甚至連自己本該能得到的部分也失掉。那些成功人士在面對功勞時，很少提到自己，而是將功勞歸功於自己的團隊，歸功於自己的合作夥伴、家人和朋友。這就是狠角色的高明之處。

在適當的時候，你為什麼不能把自己的功勞拿出來，拱手相讓？你完全可以對上司對團隊說：「這些應該是大家的，而不是我一個人的。」

有捨便有得，你的放棄，一定會給你帶來意想不到的驚喜。因為一個人的能力再強也無法不靠外界的力量成就自己，在練好內功的同時，也要懂得感恩和分享。只有你先給予別人一些什麼，別人才會想到應該給你一些回報。

特別是在你剛開始工作、進入一個新的環境時，一定要學會放棄，懂得忍耐，不要時時爭個你死我活，事事搏個你清我楚。同時，也要掌握好「忍」的程度，不要凡事都退縮不前，畏首畏尾。這兩種極端的做法，我們都不贊成。

忍耐，不是目的，而是手段。這句話不僅說出了職場人的辛酸和無奈，也讓人們看到了在職場生存中有效的武器。在這個世界上，本來就不存在絕對的公平。所以，我們誰都不要期望別人能夠絕對公平地來對待你，即使聖人都做不到絕對的公平，更何況我們身邊大多數人都是凡夫俗子。總有一些人，或者總有一些時候，某個人是在他人之下的，只能老老實實地被管理，無條件地去服從。

儘管如此，很多成功的人士卻在遭受不公平的時候也活得有聲有色，水起風生。要知道，他們的成功，並不是從天上掉下來的。再牛的人，也有做新手的時候，只不過他們具有比你更強的素質，讓他們在自己剛起步時，比別人多了一些忍耐。

很多的成功大師在回顧自己的成長道路時，都會有這樣的總結：

◎老闆總會指責你的工作不完美，就算這個工作不是你做的，也不要立即辯解，而應該虛心地聽取老闆的批評和建議，以求自己做相同的事情時，避免犯同樣的錯誤。

◎剛入職場時，上司總是給你一些瑣碎的工作，不要總是抱怨自己的才能沒有得到發揮，要先默默地把這些工作都做好，而且要努力做到盡善盡美。

◎就算上司對待別人總是比對你好，也不要發牢騷，找出自身的差距，在學習中尋找機會。機會是需要自己通過努力爭取的。

◎當你在不起眼的崗位上默默無聞地工作時，一定要耐得住寂寞，相信金子總會發光。

◎上司、同事、客戶總會向你不停地抱怨、發牢騷，要學會淡定，權當是他們信任你的表現，學會傾聽，從他們的話語中尋找有利的資訊，加以利用，待機而動。

有時要當隻忍者龜

不要小看工作中的任何一個環節，細節決定成敗，自己的路是自己鋪出來的，是寬是窄，往往在於一念之間。有時很可能會因為說錯一句話，你就前功盡棄，讓多少年的努力瞬間打了水漂。

所以，每個人都需要理智地做決定，不要硬充英雄好漢，過於講義氣、重氣節。在適當的時候，要學著做忍者龜。

一提起烏龜，很多人首先會想到「縮頭烏龜」，一直以來，它都被人們當成一個貶義詞到處流傳。但是，裝烏龜就代表他退縮不夠狠嗎？恰恰相反，像烏龜一樣善於趴低身子匍匐前進，積蓄力量的人，才是真正的狠角色。看看我們身邊那些真正的狠人，哪一個不懂得潛伏隱忍之道呢？

這個說法可能會讓很多所謂的大男人主義的人覺得很沒面子，無法接受。但是要知道，在如今這個強者生存的社會，那些所謂的江湖義氣、男人本色不是什麼時候都需要拿出來炫耀彰顯的。一個真正的男人，一個真正的強者，一定會識時務，不會盲目地去逞匹夫之勇。

不管是在工作中還是在生活上，適當的示弱，並不會讓你丟面子，相反，還可能會讓你收穫更加完美的愛情，得到上司更多的信任，贏得同事和客戶的欣賞。

烏龜，除了會「縮頭」之外，還有一個非常明顯的特徵，那就是行動緩慢。在某些時候，你需要比別人慢半拍。雖說這是一個快魚吃慢魚的時代，但是，當你羽翼還未豐滿，當你還不夠強大時，就一頭紮進了快魚的行列，你定會被更多的大魚分而食之。

在這個時刻充滿了激烈競爭的時代，我們要去爭，要去搶，但是並不等於任何時候都要沒頭腦地去爭，去搶。要視實際的狀況而定，此時，「識時務」就顯得尤為重要。

人都是好面子的生物。中國有一句俗語叫做「人活一口氣」，就是要讓人心懷勇氣，通過努力做出一些成就的意思。但是到如今，這句話的本意也被曲解，逐漸演化成只要人活著就一定不能受氣，不能丟面子的意思。真是可惜了老祖宗留下的思想精髓了。就算心中有「一口怒氣」也應該放在心裡，學會忍耐，而不該時刻表現在臉上。只有那些就算胸中有驚雷萬丈，面上也能波瀾不驚的人，才會游刃有餘地做事和做人。

那我們的面子到底要不要，當然要。但是面子不是自己爭出來的，而是別人給的。世界上沒有免費的午餐，你要想自己有面子，就必須先給別人好臉色，先給足別人面子，這個是相互的。

人非聖賢，誰都拋不開七情六欲，離不了柴米油鹽。要想實現理想，成就大事，創建大業，就得分清輕重緩急，大小遠近，該割捨的就得割捨，該忍讓的就得忍讓，凡事要從長計議，切莫因貪圖一時之快而衝動地做出不成熟的決定。

◎在羽翼未豐時，你要懂得讓步。

在實力不足時，我們要懂得讓步，該吃虧時就吃虧，不可四處張揚。要善於保存自己的實力，不輕舉妄動。暫時的讓步，往往是贏得更多幫助，不斷走向強盛，使對手屈服的有效方式。

◎「和」字值千金，狂傲葬前程。

做人要以和為本，如果沒有良好的人際關係做基礎，一個人難以在社會上立足。很多人因為逞一時的英雄，而做出損人不利己的事情，自然沒有人願意再與他們來往。他們遇到問題時，不願意忍讓，而是將「和」字拋到一邊，急匆匆地伸長脖子去爭去咬，結果到最後兩敗俱傷。

凡是能成大事的人，都能遇事不驚，很好的抑制內心的衝動，控制好自己的情緒，理智地做出決定。他們以和諧的人際關係為最佳做人之本，堅守「以和為貴」「忍一時風平浪靜」的處世之道。有些人卻總是不願吃半點虧，喜歡用極端的方式去追求所謂的「面子」，愛惹是生非，不斷地與別人發生摩擦，就只會讓事情變得更糟。

人都是有感情的動物，要學會理智地控制個人的情緒，理性地處理事情，這是非常重要的修練功課。

◎主動吃虧是一種欲擒故縱的風度和策略。

「有得必有失」，我們常常在得到一些東西之前，會先失去一些東西。想要取得豐厚的投資回報總是需要有成本的投入，而做人做事都如此，如果不願意捨棄和付出，你又怎能獲得相應的回報？所以要有寬廣的胸懷，以平常之心去看待得失，敢於為了更大的利益而放棄一些東西，出讓一些利益。要為了日後的強大，學會主動示弱，正確看待「吃虧」，適當的去忍讓，不該出頭時就絕不出頭。相信「吃虧」總是暫時的，當你暫時捨棄了一些東西之後，它們還會在以後的日子裡以更好的方式回到你的身邊。

擁有長遠眼光的人，才是能成大事的人。在自己還不夠強大時，一定要先懂得保護自己。先保存實力，再圖發展，你才能在強手如林的競爭中站穩腳跟，並且最終反敗為勝，實現你的人生目標。

冷靜到接近殘忍的「潛伏者」

家在華盛頓的莫迪生在華爾街的一家證券公司從事諮詢顧問的工作，他在業內名聲在外。他經手過的投資從來只賺不賠，而且每一筆交易至少都能為客戶帶來200%的收益。三年前，有一客戶委託他負責一筆巨額資金的期貨交易。客戶充滿期待地對他說：「我希望你能為我賺到四至五倍的錢，當然越多越好，我一定會給你天價的回報。」

莫迪生不置可否地回答：「如果你有這樣大的期待，我只能對你說，對不起，我沒有這個能力。我暫時沒有能力去想那個，因為我首先要確保的是，如何才能不讓這一億美金打水漂。」

在之後的半年內，倫敦期貨市場十分火暴，人們爭相進入，幻想著大賺一筆。但是莫迪生卻按兵不動，他手裡的那些錢甚至都沒有被挪動過一美分，就像他完全把這件事情忘記了一般。那個客戶卻如熱鍋上的螞蟻，每天給他打五十通電話亦是常事：「喂，先生，該出手了！」

莫迪生堅定地說：「不，再等等。」

第二天一大早，客戶又打來電話：「你還在等什麼？」

莫迪生乾脆地掛斷了電話，他冷漠的態度讓客戶近乎絕望。這樣的情況整整持續了七個半月的時間，就在客戶準備撤回資金時，傳來了期貨市場價格大跌的消息。先前進入市場的那幫傢伙幾乎個個都輸的只剩下褲衩，變成身無分文的窮光蛋，有的甚至跳樓自殺。而這就是投資的殘酷性，它能夠讓你在最樂觀的時候突然掉進沒有任何希望的深淵。

在這樣動盪的時刻，莫迪生突然出手了。他把全部的資金都投進去抄底，此時的他已經觀察了足夠長的時間，早就挑選好了目標。然後呢？三個月後，他實現了客戶對他的要求，換來了巨額的回報。客戶欣喜若狂。但當你回想莫迪生在整個過程中的冷靜與隱忍時，你不得不被他的那份狠勁所折服。試問，有幾個人能像他那樣呢？

在看起來形勢大好時，你要怎樣放慢速度、穩紮穩打，應對危機？當你跌入人生谷底時，你又是如何平復心情、做出冷靜判斷？當你想奮力往上攀升，努力奮鬥，卻遇到諸多不公，障礙重重時，你又該如何堅持到底？不管發生什麼事，你都要確保自己不會失去應該具備的理智。在這種情形下，保持平靜樂觀雖然有點強人所難，但是又是必須有的狀態。

挫折和失敗是每個人都必須經歷的事情，不可避免。當失意受挫時，不要一蹶不振，要平靜地面對，一如既往地做好自己該做的事情。要按部就班地開展工作，從容淡定地繼續著自己的生活。只要你擁有了那份冷靜與從容，你就一定能成功，成為人生的贏家。

在五彩繽紛的現實生活中，任何人都不可能只與失敗共舞，也不可能只與成功相擁。人們之所以能在失敗和成功之間取得不同的成就，舞出不同的人生，其關鍵因素就在於面對它們時的態度不同。

狼王永遠保有頑強和堅韌的態度

成功和失敗就像一對孿生兄弟，他們總是相伴而生，在我們的人生軌跡上共存。其實我們每天都不停地在成功與失敗之間盪鞦韆。只因不同的人在面對上升和下落時的心態不同，而使得結果有了各種可能。實際上，通向成功的道路不可能永遠平坦，你不可能只踏出一步，就能飛向成功，達到巔峰。

人的一生必須經歷一些失敗，否則就不可能體會到真正的生活及人生的深刻內涵。就像我在日本時一樣，儘管是被推薦去學習，擁有某種優勢，但在那期間仍然經歷了不少突如其來的打擊和挫敗。

記得在日本學習時，我曾經因為一次遲到，被上司冷落了三天。那三天裡他沒有跟我說過一句話，也沒有給我安排一項工作。這種極度尷尬的境況，讓我感受到了「被當空氣」的悲涼。

後來他告訴我：「你表現得不錯。」

我很驚訝：「這三天裡我什麼都沒做，就差辭職捲鋪蓋回國了，您竟然還表揚我？」

他笑道：「我是說，在這樣的情況下你沒有鬧情緒，表現得很平靜，這種對待挫折的冷靜態度讓我感到非常滿意。」

啊，我回想了一下，這三天我都幹了什麼呢？我像往常一樣坐在辦公間裡喝咖啡，看日文報紙，寫工作日誌，琢磨怎麼做一個不錯的行銷計畫。至於上司的冷暴力，都被我拋到了腦後。很慶倖，我沒有急著給國內的父母和朋友打電話傾訴委屈。我的表現讓我看上去似乎真的很冷靜，甚至到了「痲木」的程度。沒承想，這反而得到了上司的好評，被看成是一種非常好的態度。

如果你一遇到失敗就「退避三舍」，或者焦躁不安，那麼你將陷入更大的失敗與極度的苦悶之中，你將永遠無法看到成功的曙光。當你挺起胸膛勇敢去面對它時，你就會驚訝地發現，原來失敗也是一種收穫——失敗是醞釀成功的肥沃土壤。

只要你能在哪裡跌倒就在哪裡爬起來，昂起頭，挺起胸，頑強開拓，繼續拼搏，生命的吉他終會奏出歡快的音符，流淌出迷人的旋律。

沒有失敗，就沒有所謂的成功。只要有生活，就要不斷地去面對失敗和挫折。失敗並不可怕，可怕的是不去反思，不去回味，只是一味地消沉。現實中，有太多的人反其道而行，走向了更加極端的一邊，他們不是自暴自棄，而是採取更加激烈的方式與毫無理智的抗衡，以至於遭受更大的挫折。

現在我告訴你，只要你冷靜地分析失敗的癥結，找出自己的弱點，制定出切實可行的改進方案，為下次成功打好基礎，並從失敗中認識自己、相信自己，鼓起勇氣，成功是會向你招手的。

只有不斷地接受人生的磨難，才會使我們變得更加堅強。人們從失敗的教訓中學到的東西，比在成功的經驗中學到的還要多。當然，讓一個人失敗的原因是非常多的。如果追尋失敗的根源，你就會發現，常常會因為一些小失誤而導致全盤皆輸。韓非子曾經說過這樣一句話：「不會被一座山壓倒，卻可能被一塊石頭絆倒。」

在面對挫折時，笑一笑，不是讓你為自己的跌倒慶幸歡呼，而是讓你學會用好的心態去調整狀態，順利地找出那顆絆倒你的小石頭。

一個真正有志向的人，從不懼怕失敗，因為他們具備這兩種能力：

第一，頑強，能經受失敗的打擊，並敢於在失敗之後發起新的挑戰，以平常心面對失敗。

第二，堅韌，為實現自我，堅持持久的戰鬥，不以物喜，不以己悲，以平

常心面對成功。

不管經歷什麼樣的挫折，只要你能夠在跌倒之後爬起來，跌倒的教訓就會成為你獲得成功的經驗，幫助你逐步贏得成功。在失敗的廢墟中崛起的，不是只有歸屬於成功的摩天大樓，還要有經受過失敗洗禮的堅實有力的美麗田園。

我們的才華不會在逆境和挫敗中消磨殆盡，而會更加耀眼奪目。正如巴爾扎克說的：「挫折就像一塊石頭，對於弱者來說是絆腳石，對於強者來說卻是一塊墊腳石。」

世界上沒有任何一件事情，在還沒有做之前就能被認為是百分之百可以成功的。人之所以有成功和失敗之分，關鍵就在於是否做到了頑強和堅韌。

頑強與堅韌，是一個人走向成功的非常重要的心理素質。只有當一個人的內心充滿必勝的信念，對自己所從事的事業堅定不移，並且有著堅忍不拔的意志力時，他才有可能邁出堅定的步伐，擁有克服困難的力量和智慧，產生絕妙的解決問題的方案，贏得他人的信賴與支持，從而達到最終的目標。

人生，在面對失敗時，就該像追求成功時一樣信心滿滿、幹勁十足。不要為了昨天的失敗而一蹶不振、追悔莫及，更不要為了明天能否取得成功而憂心忡忡、患得患失。

或許待到某一天，當你驀然回首時，才發現原來成功也需要跨過一道一道的關卡，你也在不知不覺中早已戰勝了失敗。當你獲得暫時的成就時，也不要沾沾自喜、洋洋自得。幾次暫時性的勝利，並不能確保讓你一生無憂。真正的狠角色，就是那些不斷地迎接新挑戰的人。

不要沉迷於成功的歡喜，也別沉溺於失敗的失意，在成功時保持清醒，在失敗時多一份淡定從容。每一天的清晨都應該是朝陽初升，號角悠揚的景象。將每一天都看成人生新的起點，滿懷熱情、歡欣鼓舞地去生活，昨日的得失寵辱皆幻化成雲煙，隨風逝去。

當你在為暫時的成功驕傲自滿時，那些覬覦你成功的人已經開始了行動。所以，不管何時，都要保持警惕，要學會以靜制動，以冷靜的頭腦面對外界的變化，成為最後的大贏家。「以靜制動」具有後發制人、出其不意的效果，它一定能夠成為你生存發展的一大法寶。

遇到下面這些現象時，你會有什麼樣的反應？

◎同事給你穿了小鞋。

有時你會莫名其妙地發現，自己被同事在背後擺了一道，被陷害栽贓，或者被打了小報告。你很氣憤，想立馬找他去說理，急於發動反擊，證明自己的清白。但現實是，這種事情經常會越描越黑，有苦難言、百口莫辯。

當被別人穿小鞋時，不要衝動地去計較，以免中了別人的圈套。這種背後搞小動作的人，常常都是無能之輩，成不了大氣候，自然對你造不成威脅。你自不必耗時耗力地與之爭鬥。一方面，你可能會被別人當成笑柄；另外一方面，有可能會被別人坐收漁翁之利，不管怎樣，你都得不償失。

最好的辦法，就是保持冷靜，保持一個好的心態。從某個方面來說，你應該感到慶倖，之所以會有人給你穿小鞋，正說明了你是有能力、會被別人嫉妒的人。但同時也反映出了你還不夠警惕，還有很多疏忽的地方，還需要繼續努力，去做到更好。要繼續走好自己的路，不斷完善工作中的不足，讓別人無可挑剔，因為實力會證明一切。當你以靜制動、以不變應萬變時，對方給你穿的「小鞋」，反而會回到他自己腳上，會讓他搬起石頭砸自己的腳，而你則能坐享其成，取得意外的收穫。

◎遭受了上級的打擊與誣陷。

很多剛開始工作的新人，在初入職場的時候都會或多或少為上司背幾次黑鍋，也會遭受一些莫名的委屈，為上司頂一些莫須有的罪名。如果在這個時候，

你沉不住氣，就會中了上司的圈套。這可能正是他想看到的，一旦你出現反抗情緒，那他就有了將你趕走的理由，然後將本該屬於你的功勞占為己有，而你只能背著黑鍋走人。

在新人和上司之間，公司永遠不會選擇一個新人——不管你多麼有能力，都不要指望管理層會在你與上司的爭端中站在你這一邊。尤其是在一些大型企業中，你如果想往上爬，就必須學會忍耐，不斷地提升自身的能力。否則，你在一開始的時候就已經被淘汰了，根本沒有翻身做主人的機會。

◎話不投機，與同事發生了口角。

不少人在遇到糾紛的時候，只要話不投機就會大打出手，或者至少也得來一場口水大戰。在職場中，與同事發生口角，實在不是明智之舉，不管你是對的一方還是錯的一方，無疑都是自毀形象。

當對方對你大喊大叫時，你最好不要再和他糾纏下去，要努力控制自己的情緒，保持平靜，或者選擇離他而去。「有理不在聲高」，一個人只有在沒有自信的時候，才會大吼大叫歇斯底里。憤怒，往往是最無能的表現；微笑，反倒能蔑視一切，體現出自己的坦蕩和寬容。境界的高下，一目了然。你和他誰是贏家？觀眾自然會有評判。

沒有人會自言自語、自說自話地對你抱怨二十分鐘甚至更長的時間，當你不與他爭執時，他趾高氣揚的情緒就會逐漸低落下來。待雙方都冷靜後，再以坦誠的態度向對方表達自己的意見，就能達到不錯的效果。

在職場中，處理好和同事的關係十分重要。每個公司都有一些愛在人前人後搬弄是非、挑撥離間的小人，在與他們相處時，千萬不要過於熱情，要控制在正常的禮儀範圍之內。儘量不要去理會這種人，有意地在你和他之間築起一條心理上的鴻溝，使他對你望而生懼，不敢輕易接觸。

當聽到某位同事在背後使勁說你的壞話，或者故意貶低你時，不管你有多氣惱，表面上都要裝出一副若無其事的樣子，冷靜地給予回敬，切不可衝動行事。

如果在面對以上這些狀況時你都能心平氣和地去處理好，那麼，你離成功就不遠了，至少你已經擁有了成功者最基本的處世態度。

無論形勢多好，都不要輕易出招

不管幹什麼事情，要想獲得成功，都必須經過量的積累，才能獲得質的突破。成功的結果往往很美好，但是過程一定很艱辛，把握好出手的節奏很重要。

我去年認識了一位在桑普利亞開公司的朋友，他是祖籍福建的華人，現在才三十歲剛出頭，就事業有成。他很有才華，心態也很棒，是一個富有智慧的強者，因此，他走的路相比別人來說更順遂一些。

儘管他現在的公司已經做得很大了，但是每當招聘新的員工時，他都要親自給他們進行一次培訓。他給新人們上的第一堂課就是：「無論形勢多麼大好，都不要輕易出招」。

潛臺詞就是要求他的員工們踏踏實實地做事，老老實實地做人，把浮躁的心情收斂起來。先默默地積蓄力量，練好內功，靜候時機，待羽翼豐滿之時，再伺機出招。他從來瞧不起一進公司就嚷著要做大案子、要成為公司頂樑柱的人。這類人不是眼高手低，就是缺乏做人做事的經驗。

「你一來就想做大案子，想成為公司的頂樑柱，那又置公司的其他人於何地呢？是不是在你看來，公司這些年都白混了，所有的人都在等待你的拯救呢？」

很顯然，這樣的心態並不是自信，而是自負且不知天高地厚的狂妄。這也不是真正的有狠勁，而是沒有頭腦的表現。真正的聰明人懂得在沒取得成就之前，在實力不足之前潛心做事，以靜待成功之時。

有一位年輕的畫家，在他剛出道的時候，花了三年的時間連一幅畫都沒有賣出去。為此，他非常苦惱。於是，他向一位世界聞名的老畫家請教，想知道為什麼自己三年來，連一幅畫都賣不出去。那位老畫家聽完他的話後，先是微微一笑，然後問他每畫一幅畫大約要花多長時間。他回答說，一般是一兩天吧，最多不超過三天。

聽到這裡，那位老畫家就對他說：「年輕人，你不妨換種方式去試試。你若用三年的時間去畫一幅畫，那我就可以保證，你的畫在一兩天之內就可以賣出去，最多也不會超過三天。」於是，這個年輕人就按照老畫家說的方法去做，果然，他的作品大賣。

這個看似簡單的故事，卻告訴我們一個耐人尋味的道理：「成功絕對不是可以一蹴而就的，只有靜下心來日積月累地積蓄力量，才能夠最終摘取成功的果實，享受成功的精彩。」

只有先學會了汲取營養，逐漸強大，你將來才會擁有狠的資本。那麼在通往成功的道路上，我們應該怎麼去準備，才能最大程度地完善自己呢？

首先，你必須要確定自己的目標，一個人只有目標確定了，才能知道自己的路該往哪兒走。

其次，在明確了目標之後，還要確保做到以下幾點：

第一，苦練內功。

這就要求你必須具有豐富的知識儲備。沒有任何專業知識的人，是無法有效地開展工作的。

第二，理論要結合實際。

在理論的基礎上一定要多實戰。通過不斷的實戰積累經驗、內化知識。

第三，求實幹。

不要輕視任何實質性的工作，即便你認為這個工作對你而言沒有任何的挑戰性，也要把它完成得很漂亮，要從中培養你一絲不苟的實幹作風與職業精神。

第四，不放棄。

失敗是在所難免的事情，只有不斷從中吸取教訓，才不會接二連三的失敗。學會讓失敗成為你的利器。

第五，培養團隊精神，學會與人合作。

這已經不再是一個能單槍匹馬去闖蕩的社會，你一定要學會與別人分享你的成果，並學習他人的經驗和優點。

第六，培養自己的創新意識。

只有為企業帶去新鮮的理念和想法，你才會獲得真正意義上的立足之地。

第七，有策略且有耐心地開展你的工作。

在工作的初期，千萬不要只看重待遇和職銜——那些都是暫時的。一定要挑一個能夠讓你快速學習和成長的環境，一個真正願意培養員工的企業。最後，為自己挑一個好老闆也是非常必要的選擇。這些都是職場裡長遠的成功要素。假如只是盯著暫時的薪水和環境，你很可能會由此暴露出自己的人性弱點，被別人利用。因為你的表現說明你是一個用利益就可以收買的人。同時，這樣的表現也會為自己的未來蒙上一層陰影。

只有厚積才能薄發，只有謹慎地觀察，做出明智的選擇，才能表明你是一個強大的智者，是一個讓人敬畏的狠角色。在這個物欲橫流的社會，許多人都急功近利，總是幻想著不勞而獲，這種心態只會阻礙他們的成功，讓他們付出更大的代價。

一個人要想成功，必須先修煉好他的內功。在基礎沒有打好之前，不管外面的形勢有多好，都不可輕易地出招，過早暴露自己的軟肋。

孤狼難在叢林中獨存

人們總是善於猜疑和暗中攻擊，這是人的本性使然。我們生存的世界就是一座幽暗的森林，它遵循著一套複雜且龐大的森林運行法則。在這套法則中，每個人既是獵人，也是獵物。獵人之間不但是需要緊密協作的夥伴——這樣才能打到更多的獵物，還是有著激烈競爭關係的對手——隨時搶走對方的獵物。

因此，在這座森林中，每個人都處於危險之中。只不過有的人對此毫無察覺，有的人則能敏銳地發現這一點，從而及早做準備。

李佳在畢業後進入了一家規模很大的廣告公司，這是一份好工作，初入職場的她，處處小心，平時在辦公室不多說一句話，同事有事找她，不管是不是自己的職責範圍之內，都不敢怠慢，笑臉相迎。

她想做好人，做一個大好人，用這種方法來贏得友誼。但是時間久了，同事凡有什麼完不成的任務，都一併來交給她來做，對她形成了依賴，變成了習慣；而且，有什麼不願意接的活兒，也都成了她的，一旦事情沒有做好，她是第一個替罪羔羊，從來不敢替自己解釋半句，生怕得罪人。本來屬於自己的利益，也拱手讓人，在這種環境下，李佳苦不堪言。

其實很多新人都跟李佳一樣，處處小心，怕得罪人，對誰都是一副畢恭畢敬的面孔，的確是非常的和氣，但是這種和氣，卻沒有掌握好人對人應該有的距離，沒有把握好一個尺度，在這種無休止的退讓同時，她也丟掉了自己應得的利益，成了默默地替同事背黑鍋的代罪羔羊。

她只知道付出，被利用，卻不知道如何去索求，讓對方給予回報。一旦這樣的思維和做事風格形成習慣，她就給自己戴上了一副枷鎖，而且鑰匙還被扔掉了。一般而言，想扭轉這種局面是很難的，因為她在同事眼中先入為主的印象已經形成了，除非她離開這家公司，總結教訓，重新開始。

這種所謂的和氣是要不得的。在職場，學會適時拒絕別人很重要，有時會左右你的處境。你懂得了拒絕，就能避開一些危險的陷阱，就能躲開其他獵人的槍口；你知道了如何應對別人的拒絕，就可以機智地在森林中為自己謀取一個安全的位置。

會拒絕別人的人，通常都是有原則的人。把自己塑造成一個有原則的人非常必要，不要優柔寡斷，像麵條一樣沒有既定的做事準則。永遠都不懂得說出自己的想法和觀點，一昧的唯唯諾諾，人云亦云。久而久之，周圍的人都會覺得你好欺負，就會集體將槍口對準你，把你當成一個「大家的獵物」。

只有當你讓周圍的人能夠強烈地感覺到你的原則時，一些無謂的要求才不會隨便地降臨到你身上來。只有堅持按原則辦事，我們才能在一團和氣的同時，保護自己的利益。

但是，時時提防別人發射來的暗箭未免太辛苦太累，你必須清楚他們究竟為何要將矛頭指向你，然後提前做好防護和回擊的準備。深藏不露，步步為營，穩紮穩打，才是富有大智的謀略。如果你過分的軟弱、隨和、沒有原則，就會經受更多的風吹雨打，成為別人的首要打擊對象，而你只能被動挨打，被別人搶盡風頭。

所以，一定要意識到身處幽暗森林的危機，要敢於與別人爭鬥，保護好自己的利益，堅守自己的原則和底線，你才能逃脫其他獵人的槍口，並且獵取到更多的獵物。

誓死守護自己的利益

有一個很奇怪的現象，現在人人都在瘋狂地追逐利益，但是每當正兒八經地談論利益時，很多人卻感覺到無所適從：「到底什麼是利益，我應該怎樣來看待自己的利益？」理想和現實之間的矛盾始終存在，總有一些人會為它產生的後果捶胸頓足後悔莫及。明明很想得到自己應得的那份，但是又不知如何爭取，最後因為各種顧慮錯失良機。有時卻會因積極爭取而得罪別人，讓自己在某個交際圈、利益圈中陷入尷尬的境地；如果不爭取，那自己辛苦的付出都付諸東流，只能默默吃啞巴虧，這樣的結果肯定任誰都無法接受。

我曾經在培訓課上對學員這樣形容類似的情況：「這樣的心態，就是活在框裡的一張臉，憋屈，無奈，在各種束縛下了無生機。」

不久前，我在華盛頓的公司總部面試了一位年輕人，她叫雅如。她從台大畢業後即進入了一家國企，並在這家國企待了好幾年，最後因為忍受不了同事的欺負，選擇了辭職。在聽了她的描述之後，我覺得同事對她的「欺負」並不過分。初到那家公司時，她只是一個剛畢業涉世不深的新人，面對同事的冷漠態度，她很想努力地去爭取他們的認可。

她又是怎樣去爭取的呢？那就是不斷地出讓自己的利益，主動去幫助同事完成那些煩瑣、辛苦的工作，任勞任怨，不求回報。時間久了，同事們只要有不想做的工作都丟給她去做，卻連一個謝字也沒有，到了論功行賞的時候，雅如也只能遠遠地看著。她不但沒有功勞，還把自己應得的苦勞也拱手相讓。

這樣的人不叫會做人，而是真正的傻瓜，只能白白讓人當成傻瓜來欺負。這樣的她在同事心中也成了理所應當無私奉獻的存在。時間越久，雅如就越發苦不堪言，她不敢輕易改變，也不敢得罪別人，在無法忍受的時候，只好選擇了辭職。接著她離開了台北，先後去了上海、廣州等地尋求發展，還是沒找到令自己滿意的工作環境。因為她的外語非常好，又十分嚮往國外的工作環境，於是就想到了出國。後來，她來到了美國，還來到我的公司求職，希望能找到一個公正的環境讓自己得到發展。

但我告訴她：「這樣的環境你是找不到的，台灣沒有，中國沒有，美國也不會有。在任何一家企業，如果作為員工的你不去主動爭取利益，去捍衛自己的核心地盤，只會被人欺負。」

顯然，雅如犯了一個很嚴重的錯誤，對於同事來說，她是在完全不計回報的付出，甚至不惜犧牲自己的利益去幫助他們。她的做法太過友好，不夠狠，不但無法讓她得到同事的重視，反而成為一個沒有自我的爛好人。在職場裡，不是不可以做好人，但是請千萬不要去做爛好人。這樣的人，通常在工作中最容易受傷害，且又不值得別人去同情。

那麼雅如究竟應該怎麼做，才可以不被欺負呢？首先她要懂得去堅持守護自己核心利益的原則。很多人都以為，幫助別人才能彰顯能力，而實際上，能堅持自己的原則才是一件更能體現能力的事情。

如果你不懂得守護自己應得的利益，那在別人心目中，你的利益就自然成為別人的囊中之物。雅如就是因為不懂得爭取利益，最後只能被別人搶走功勞。就算她將所有的利益都拱手相讓，同事們也不會覺得同情和愧疚，甚至到最後根本沒有人願意幫她出頭去爭取她應得的那份利益。

你只有學會了守護自己的利益，別人才會看到你的底線，才會明白，在哪些事情上是絕對不能侵犯你的。你的利益必須由你自己去爭取，去守護。

說到利益這個問題，我們不得不去面對的還有短期利益和長期利益之間的矛盾。相信很多年輕人都經歷過這樣的狀況：明明感覺自己所得利益與自己付出的努力不成正比，可你的老闆卻告訴你，年輕人應該立足於長遠利益，不能被眼前的利益蒙蔽了雙眼。那麼你究竟該如何有效地處理短期利益與長期利益之間的矛盾呢？

首先，你要認識到，短期利益和長期利益之間並不衝突。不要認為兩者是對立的，只能選其一，而應該將兩者結合起來看。在確保長遠利益不受損的同時，也要保障合理的眼前利益。不能為了長遠的收穫，就犧牲掉眼前的利益。長期以來，人們都身陷這個誤區，認為要獲得美好的未來，就必須要忍受當下的困苦。在我看來，這個需要具體情況具體分析，不能一概而論。

其次，你要學會去分辨公司上司是否在跟你耍手段、同事是否在跟你玩陰謀。如果是，弄清楚他們採用了什麼手段，出於什麼目的。如果你要跟壞人鬥，就先要瞭解壞人是怎樣使壞的——他們採取了哪些方法，有沒有可以化解的相應辦法？在此基礎上，再去堅持自己的立場。

短期利益是你目前對公司創造價值的一個體現，也是你得到長期利益的堅實根基。成長和金錢是可以共同收穫的，不是說你能在這個公司學到很多東西，你就可以不計報酬的去為老闆工作。如果一個人的所得無法滿足他正常的支出，就會喪失了那份堅持看到長期利益的美好期待和信心。所以，當你的付出與收益不成正比，你就要勇敢地要求加薪，不能因為害怕失去工作，就一昧地退讓。這只會讓你失去更多。

一個成功者不會去做沒有回報的工作，對於商人來說，他們在做生意時的一個重要的衡量標準就是獲利的大小。沒有利益誰會願意出手呢？如果你要想成功，就必須先看護住屬於自己的關鍵利益。在與他人的利益爭鬥中，要有足夠的狠勁，敢於扣動扳機，表明立場。在很多時候，往往你要求得越多，付出的也就越多，回報當然也會更多。

孤狼的自尊—我不用別人同情

在你很小的時候，父母和老師為了保護你不受外界的傷害，會教導你要跟別人和睦相處，不要打架。相信沒有一個家長會忍心看到自己的孩子受傷害，他們的用意都是好的，而且小時候的我們也不會總是充滿攻擊性。但在成人的世界裡，在爾虞我詐的「世界叢林」中，事情就不再如此單純。在這裡，總有各種各樣不公平的事情發生，你若總是忍氣吞聲，就只會被別人當做「軟柿子」，誰不高興了都可以來捏一把。所以，必要的時候要勇敢地拿起你的獵槍，來保護自己。對待真正的敵人，我們不必客氣。

當拿起獵槍時，請務必辨別清楚，你的槍口對準的目標是豺狼，還是無意冒犯的兔子。在遭遇不公平，對待偽君子真小人時，我們要以牙還牙，但是千萬不要把自己修煉成一個睚眥必報心胸狹隘之人，勿將善意的批評者當成仇人。

對於真正的敵人，特別是那些背後耍陰招的小人，一定不能姑息，要敢於反擊。小人搶功，是讓大多數人都頭疼的事情。公司就好比一個小型的社會，形形色色的人都存在於此。就算是在奉行團隊合作精神的今天，仍然有一些藏私心的小人為了利益去搶奪別人辛苦得來的果實。

我在日本實習的時候，也曾遭遇過這樣的事情。當時我花了一個多星期的時間，夜以繼日，全身心投入地策劃出一個頗具創意的銷售方案，得到了我直屬上司松田的讚賞。正當我開心於為公司立下功勞的時候，卻發現公司公告欄裡，我的文案後赫然寫著松田的名字，我當時的氣憤難於言表。因為缺乏經驗，我一時間差點就有了跑路回國的想法，走人，不跟這種小人在一塊玩了。

可是我深知，如果和他硬碰硬我是鬥不過他的，回國雖然是乾脆又省心的解決方式，但也是一種懦弱的表現。當遇到不公平的待遇時，一定要先分析對手的情勢，再對症下藥。當我分析出松田在這件事情上存在的漏洞和弱點時，就開始行動了。我開始靜下心來研究我的方案——我要重新審視一下自己的成果，這畢竟是我花了一個多星期的時間做出的作品，松田根本不可能在很短的時間裡把這個案子研究得很透徹，或者他也根本就沒有想到我會堅決地進行反擊。

在我們每週的討論會上，總裁宮崎先生提到了我的方案——現在它是松田的，並希望松田能夠針對這個方案說一些自己策劃時的思路。

這時，松田不可避免的將漏洞暴露出來。雖然他的講述看似完整，但跟我

本人的思路還是有出入的，有很多不完善的地方。我伺機在一個恰當的插言機會，補充上了我自己的看法，並深入闡述了自己策劃本方案時的初衷。足夠全面和具體。宮崎先生馬上就心領神會，就這樣，我不露聲色地把屬於我的東西奪了回來，因此在公司贏得了更多工作學習的機會。

學會審時度勢且理智地對待「豺狼」，是打贏戰爭的必要手段。在反擊之前，一定要認真衡量你和他之間的實力差距，不要魯莽行事，拿雞蛋去碰石頭。也不要因為對方的強大而害怕逃避，要知道，再硬的石頭，也會被水滴穿。只要你有堅決想戰勝對手的決心，你就會全身心地為之努力，並會採取正確的策略去應戰。此時，你就能以弱勝強。

很多企業人際關係錯綜複雜，這時，你就要看清形勢，千萬不要做賠了夫人又折兵的傻事。如果你周圍的小人太多，甚至你的上司也是一個偽君子，並且他還是那只「豺狼」的保護傘，你還要莽撞地舉起獵槍，很可能打中的就是你自己。

在當今社會，個人的發展和成長非常重要，修煉一身過硬的本領並且找到一個好的發展平臺，才是最根本的使命，才是我們舉槍打「豺狼」的底氣所在。所以，一個人要妥善選擇自己的老闆和工作環境。

職場如戰場，你必須敢於反擊。在戰爭中，適時而退，可以看作是一種戰術，但如果步步倒退，你就是逃兵。不會反擊的人，只能做縮頭烏龜，永遠被人踩在腳下，不能翻身。

在職場中，沒有人會同情你，這裡只有利益的交易。為了生存，你必須下狠心：辦公室中，總是有很多充滿同情心的人，在別人「痛陳家史」時，他們會不自覺地停下手中的工作認真傾聽，並不時地送上同情和慰問，甚至想為他們真正做些什麼。

這並不是什麼好現象，因為通常，這種事都是你被人忽悠和利用的開始。遇到這種情況，首先要考慮自己是否有必要損失自己的利益去幫助他。在辦公室裡，面對自己的同事時，千萬不要同情心氾濫，很多人就是因為同情心作怪，而放棄自己的利益。到最後卻被受益方倒打一耙，徹底被他踩在腳下。

身邊的同事不僅僅是我們的戰友，也是我們的對手。在工作中的確需要相互幫助，但一定要知道什麼樣的幫助是適當的、應該的。一旦在同情心的驅使下越過了工作職責與範疇的那條邊界線，不僅會損害你自己的利益，讓自己陷入艱難的境地，還會成為別人的墊腳石。

劉娟是一家外企的人力資源經理，一直都混的風生水起，卻栽在了自己的同情心上。屬下小陳一直是公司裡與劉娟比較要好的同事，最近她因為自己的疏忽，將公司一份重要的資料外洩，給公司造成了很大的損失。按照公司的規章制度，小陳應該被辭退。作為小陳上司的劉娟，卻沒有將其辭退。原來，小陳最近剛離婚，獨自撫養一個五歲的孩子，而且精神狀態也不是很好。於是劉娟心一軟，就壯著膽子把這事兒給壓下去了。

對於公司制定的規章制度，作為員工一定要嚴格遵守執行，切勿私自篡改或試圖蒙混過關。世上沒有不透風的牆，這件事情很快就傳到了總監的耳朵裡，立即給了劉娟降職的處分。小陳則選擇了主動離職，而且很快找到一份不錯的工作，對於劉娟因她被降職的事情，她亦沒有絲毫的感激。

有時候就是這樣，你給予了別人同情，別人反而會嘲笑你的無知。後來，劉娟才知道，自己被小陳陷害了。事實上，小陳一直覬覦劉娟的職位，眼看競爭無望，為了尋找下家，出賣了自己的公司，接著又將劉娟拖下水。

在這個世界上，我們提倡互幫互助，但是不提倡不計後果、盲目而為的幫助。千萬不要讓自己的同情心變成別人眼中容易利用的弱點。

社會畢竟不是慈善機構，給予別人幫助一定要理智。要先學會分析自己所處的位置，明確自己的行為會給自己帶來什麼樣的後果。如果說要以犧牲自己的名譽、前途為代價，那千萬不要去冒險，不能因為一時頭腦發熱、憑一腔熱血做出衝動的決定。冷靜下來，帶上「無情」理性地去思考該如何處理這件事情，要精打細算，維護好自己的利益。

3
CHAPTER

狼也會耍心計：
狠一點才能心想事成

「給我一個支點，我可以撬起地球。」事實上支點存在嗎？當然，永遠不可能有這個支點。阿基米德說這句話的根本目的並不是想真正撬起地球，而是想證明槓桿原理的正確性。所以，在看事物時，我們一定要看到其背後的真正目的。落葉不是為了讓你感懷，而是為了儲存能量；蜂舞不是為了讓人欣賞，而是為了留下回路。

吃虧的「傻狼」和聽話的「小狼」

在職場，如果一個人過於鋒芒畢露，就必然會遭到同事的嫉妒和排擠。這意味著，有時你不妨變得傻一點，讓同事從心理上放鬆對你的警惕，進而避開他們對你的針對性進攻。必要時，讓自己看上去處於一種弱勢和被同情的地位，你就有了更多的時間和精力去利用一切機會提升自己。

溫斯特剛來公司的時候，是一個很有朝氣的新人。他雖然只有二十四歲，還很年輕，但他做事十分認真，對於上司安排的工作都能認真的完成，和同事之間也能和睦相處。順利地通過試用期後，他轉入了正式的工作崗位——到加州的銷售分公司承擔全美國最重要的分銷工作，有時還要跟國外客戶打嘴仗，這很考驗他蹩腳的外語（他只略懂中文和韓文，對於日文則一竅不通）。

一開始，加州公司的上司安排給他的就是一些難度頗大的任務。對此，溫斯特毫無怨言，都欣然接受，並且盡心盡力。

周圍的同事們見狀，都冷眼旁觀，對他冷嘲熱諷，他們覺得這個新人有些傻。這種沒有絲毫把握的工作對一個新人來說太苛刻了，而他還不知死活輕易接受，這無疑是自找罪受。同事鮑伯對他說：「我說夥伴，你看不出來有人在整你麼，你為何不去打斷他的鼻樑？」溫斯特聞言愣了一下道：「上司為我提供了這麼好的鍛煉機會，我感激他還來不及，你為什麼會這樣說？」他在工作中表現出的無窮幹勁和腳踏實地的態度，為後來得到GE管理層的認可打下了堅實的基礎。

兩年後，年僅27歲的溫斯特成為加州分公司的銷售主管，還在洛杉磯買了一棟大房子。而那些當年與他平級並且嘲笑他的同事們，卻仍然在為了每個月能否提高幾百美元的補助斤斤計較著。

當你處於一個全新的環境，記住：你表現的機會有很多，能夠以一種勤奮的態度扎實地融入到團隊中並能得到重要人物的認同，才是你成功的第一步，也是最堅實的一步。做到這一步的人，無不有著堅實的人脈基礎，並能夠在具體的工作方面顯示出超強的能力。

如果你奮進的速度太快，當遭遇危機或出現失誤時，往往會出現兩種結果：

第一種，同事表面上阿諛奉承，安慰你這只是個失誤。背後卻在說：「我就說他之前的成績都是僥倖得來的，年輕人太衝動遲早會出錯的，這不教訓很快就來了嗎？自作自受！」

第二種，同事真心地理解你，幫助你，鼓勵你下一次定會做得更好，並且願意為你去跟上司求情。

為什麼會出現兩種截然不同的情況？因為前者沒有在進入新環境時，走好重要的一步——融入和被認可。一個狠角色會去抓住一切能夠幫助自己的力量，自然會花很大的心思去與同事搞好關係。在剛進入公司的時候切記要做到：「我是一名新人，我要低調做人，多向其他同事學習，和他們搞好關係。」

作為新人剛到一個辦公室時，主動與大家溝通、交流，讓大家更好的認識自己是非常有必要的。但是，相對於口頭去說，大家更樂於從你做事的表現中看到你的價值。所以，不妨在一開始，先做一個少說話，多做事的人。而且，話太多也很容易暴露自己的缺點，或者不小心得罪人。

相信，當你初進入一個團隊時，大多數人都會以禮相待，但是不排除會有老員工對你表現出冷淡或者排斥。他們有可能會為了捍衛自己的利益，而聯合起來排擠你，或者不給你表現的機會。在這種時候，你不應該因為勢單力薄而被動挨打，也不要失去理智做出一些不該做的事情，要學會以圓滑的方式去化解。

在前期學會以圓滑的方式，去與辦公室裡形形色色的人物相處，就會為你良好的人際關係以及職場發展奠定基礎，同時，也是你後期能夠成為狠角色的資本積累。

你要記得：

◎在應付口蜜腹劍的人時，要微笑著打哈哈。

◎在應付挑撥離間的人時，要謹言慎行。

◎在應付蠅營狗苟的人時，儘量不要與他為敵。

有些人在剛進入團體時，就想要迅速融入，和團隊中的成員打成一片，甚至想成為團隊中的頭號人物。這樣的想法，很不現實，人與人之前的相處，本就是一個慢慢磨合、累積的過程。要想做一個呼風喚雨的狠人，需要在前期你還是菜鳥的時候先打好基礎。當你還處在起步階段的時候，當你的羽翼還未豐滿的時候，謙卑一些，低調一些，別人才會對你放鬆戒備，才會願意對你敞開心扉，才會願意接納你，指點你，讓你更容易融入團體中。學會放低姿態，往往會有更多的收穫。脖子伸太長，可能就會成為第一個被攻擊的目標。

所以，還未具備成為「狠人」的素質之前，不妨先在辦公室裡做一個「傻瓜」。少說話，多做事，時刻保持空杯心態，才能有所收穫。只有這樣做的人，才是真正的聰明者。當你初入一個環境，在人生地不熟的情況下，必須學會察言觀色，要清楚哪些人是你應該去親近，必須去討好的。

你必須學會重視你的上司。在一個公司裡，只要能夠當上司的人，都有其過人之處。小到一個辦公室的主管，大到高層的CEO，只要是上司，他們身上必定都有一些值得你去學習的東西。雖說我們不能盲目地去崇拜那些上司，但是卻應該學會重視和尊重他們。

除了他們身上值得我們學習的能力之外，他們擁有的權利，也容不得我們忽視。作為下屬的你，要聽從他的指揮。很多時候，他們對你的看法，常常直接或者間接的決定了你的去留升降。所以，在職場，和上司相處也是一門必不可少的學問。對於一個聰明的狠角色來說，他必定懂得什麼是應該做的，什麼是暫時不該去做的。

你可能會說：「上司也是人，也有犯錯的時候，我們就不能糾正他們嗎？」的確，上司也時常犯錯，有時犯的錯誤甚至比下屬還要多。作為一個盡責

的下屬，為何不能糾正他們的錯誤呢？說這種話的人往往是非常徹底的理想主義者。你當然可以去糾正他們，但是要先弄清楚，這並不是你分內的事情，也不在你的職責範圍之內。對於他們來說，會有相應的人去為他們糾錯。你就算糾正了他們的錯，也得不到好處。你無法通過糾正了上司的過失來彰顯你的能力，反而會得不償失，還很有可能會被敵視，被排斥，被穿小鞋。

下面，一起來看一下小王的故事，或許能讓你得到一些啟示：

小王的部門來了一個新上司。這位上司剛一上任，就馬上在公司內部進行了大刀闊斧的改革，他大膽潑辣的做事風格，也讓大家印象深刻。面對他的一些改革措施，很多同事都在私下裡表示了強烈的不滿，小王亦是十分憤慨——因為觸動了不少人的利益，包括小王自己的。同事們經常在私下裡議論新上司的做法，紛紛表達各自的意見，甚至慫恿小王站出來，幫助大家進行維權。

有一次，新上司針對季度報表的改革事項，來徵求大家的意見。小王一衝動，就舉手發言，當著上司的面將改革的弊端一一羅列出來。上司自然沒料到小王會有這樣的表現，頗感難堪，雖然當時什麼也沒說，但顯然，還是生氣了。

會後，前輩老徐找小王聊天，聊起了自己對這件事情的看法。老徐認同了小王提的意見，但也說出了自己的看法，你的做法實在欠妥當。他的做法的確有問題，但是就算你將自己的意見都說出來，以你目前的處境和地位又能改變什麼呢？不管什麼時候，當面反駁上司，都是下下策。而且，利益受損的人有那麼多，又不止你一個，別人都沒說什麼，你又為何強出頭呢？要知道，他是決策者，而你只是一個執行者，你只需配合他的工作，按照他的決策去執行就好。這會讓其他上司覺得你是一個執行力強、做事情認真的人。如果他的決策真的出現問題，公司不會放任他錯下去，一旦出了問題，責任都由他來承擔，和你沒有關係。如果他的能力不夠，會直接走人，這對大家來說豈不更好？到時候，你受到的損失，公司也一定會補償給你。這樣一來，你既得到了其他上司的認可，同時又可以讓這個沒有能力的上司走人，這才是高明之舉。一定要學會審時度勢，只有這樣，你才會在公司立於不敗之地，不管何時，都先要保全自己。

小王聽了老徐的話，才恍然大悟，明白自己被那些同事當槍使了。

一個聰明的員工，他首先會學會自保。先確保將上司分配的工作做好，就算有想法也懂得暫時保留，將執行力和認真的態度表現出來，讓其他同事和上司看到你的努力。在老闆的心目中，好管理的員工才是好員工。如果一個員工天天

跟上司對著幹，試想一下，如果你是那個上司，你會怎麼做？如果是我的話，我寧可找一個能力不十分突出但服從力強的員工，也不會去找一個能力突出但是心高氣傲的刺頭。沒有人願意天天被別人找麻煩。

如果遇到一個不稱職的上司，記住：要像那些狼角色學習，先不要急於將自己的不滿表現出來，配合好他的工作。只有這樣，你才能得到他的信任，不被他穿「小鞋」，也只有這樣，你才能夠保護好自己的利益。

一個人的能力再大，也需要顧及上司的想法。而你的直接上司在很大程度上決定並影響著你的發展和待遇。所以，千萬不要貿然做傻事，要把心態放平，小心行事。就像我經常對學員說的那樣：先學會將上司的話當成真理去執行，再慢慢地把你的行動力變成真理。因為上司都希望看到具有良好執行力的下屬。良好的執行力，是你能成功被上司發現並被提拔的耀眼能力。學會瞭解上司的想法，超出期望地完成任務，你就能鞏固自己的位置，並且保持上升的趨勢。

要咬就咬獵物的咽喉

善於察言觀色，也是職場人必備的能力。只有清楚了老闆心中所想，你才能在做事情時，找到他的所好，得到他更多的認可和器重。在現代社會裡，情商和智商同樣重要，尤其是在注重人情世故的中國，出眾的情商更能讓你從眾人中脫穎而出。

高情商的人，往往更注重細節。他們在和別人交談時，更善於通過細節去洞察人心的深處，去挖掘那些不易被察覺的需求。

對於企業來說，能抓住客戶的需求，是企業最關鍵的制勝點，因此，他們願意花費大量的時間和精力去研究客戶的心理。對於我們來說，在工作中難免要與上司、同事和客戶溝通，要想在溝通中贏得先機，就必須清楚他們真正的需求。在溝通過程中，如果想真正找到對方的需求，就必須抓住每一個細節。不僅要對他們直接提出來的要求加以重視和滿足，就連對方無意中顯露出來的期望，你也要儘量去滿足，用你細膩的心思去打動他們。

小張是一名銷售員，經常與客戶打交道。有一次，他接待了一個並沒有太大購買意向的客戶。儘管已經知道了客戶的想法，小張也沒有將客戶置之不理，反而一直在和客戶交談。

後來，客戶無意中說道：「我覺得你們公司的產品跟某某品牌的產品差不多，但是價位上高了點。雖然品質能稍微好一些，但是外觀上我又不是很滿意……而且你們兩家的產品在安全方面，我都沒有什麼信心……」如果是一般的銷售員，可能會將自己家的產品與別家的產品進行個比較解說，或者再推薦一下其他的產品。但是小張卻沒有多說什麼，暗自坐在一旁觀察對方的反應。客戶在說話的時候，一直處於漫不經心的狀態，可是當說到安全問題時，臉上突然露出一副嚴肅的神情。這細小的變化，自然逃不出細心的小張的眼睛。

他立刻意識到機會來了，這是不可錯失的良機。因為他在與客戶交談時瞭解到，這個客戶家裡有小孩子，看到他說到安全問題時的嚴肅神情，立刻意識到他特別重視產品的安全性能。所以，小張留下了客戶的聯繫方式後，來到公司的技術部門特意讓技術部的同事將一件產品進行了安全性能的加強。然後他主動聯繫客戶，請他來看貨。

看到改良後的產品，客戶驚喜萬分，滿意異常，痛痛快快地付了款，將產品帶回家。並且，他還為小張介紹了好幾個大客戶，一下子提升了小張的銷售業績。

在和客戶交流時，一定要細心地去挖掘客戶內心真實的想法，要留意那些無意中流露出來的細節。只有這樣，才能給對方留下好印象，才能抓住巨大的商機。

職場中，那些懂得「讀心術」的狠角色，更容易獲得別人的信賴，也更容易取得成功。他們會注重每一個細節，全面地考慮對方的顧慮和擔憂，最大限度地滿足對方的期望和要求。如果能讓對方感覺他們真正地被重視，你就很容易得到他們的認可，也更容易獲得成功。

或許在某些方面，你無法與那些狠角色相提並論，你可能沒有和他們一樣出眾的才華，也沒有像他們一樣出色的口才，更沒有像他們一樣強悍的公關能力。但是你擁有一顆細膩的心以及敏銳的洞察力，這就足夠了。最大限度地將你的優勢發揮出來，多觀察，多思考，多設身處地地為對方考慮，找到他們真正的需求點，給他們一個意想不到的驚喜。你的良苦用心，別人都會看得到。他們也會相應地給你一個更大的回報，可能是一份信任，也可能是一個晉升的機會，抑

或一筆大額訂單。然後你發現，那個一度平凡的你，也成了出類拔萃的那一個。

韜光養晦的「狠人」

一提到「狠人」，人們首先會想到那些桀驁不馴、難以親近的人。我們在生活中看到太多這種人，他們業績突出，目空一切，好像沒有人能比得上他們，全公司的人都該將他們供起來，一不小心惹到他們，就會上演一齣「血雨腥風」。他們並不是真正的狠人，只能算做「怪人」。真正的狠人首先得是一個聰明人，除了擁有出色的才能，耀眼的業績之外，絕不會炫耀自己的與眾不同。他們謙虛，平和，和周圍的同事和睦相處，深得人心，能讓人們發自內心地對他們產生敬仰之情。

真正的狠角色，既懂得出奇方能制勝，又懂得韜光養晦，還懂得高調做事，低調做人。他們是圓滑的強者，擁有「怪人」們所沒有的強大內心，在競爭激烈魚龍混雜的環境裡從容淡定如魚得水。

我們在工作中難免會遇到那種桀驁不馴的「怪人」，你究竟該如何與他們溝通交流呢？無非兩種狀況：

其一，針鋒相對，據理力爭。大多數的人都會選擇這種激烈的方式回應他們。但是這種人很強勢，通常都吃軟不吃硬，極度不好惹，就算你與他爭得臉紅脖子粗，也不會解決任何問題。如果你也以同樣激烈的方式與他對話，想讓他理解你，並且接受你的想法，比登天還難。千萬不要因為衝動而去和他爭吵，既解決不了問題，又會讓自己的形象受損，得不償失。

其二，避其鋒芒，深入瞭解對方的想法，心平氣和地和對方溝通，並且嘗試和他以和平的方式達成共識。即便遇到了很難保持冷靜的情況，你也要學會克制自己，以退為進，以柔克剛。要像水一樣可以隨意改變自己的狀態，就算他是一塊又臭又硬的石頭，你也能用你的包容將其融化。

和這種心高氣傲的人相處時，那些狠角色通常會運用圓滑做事的智慧和巧妙的溝通技巧。這也是你在職場立足的強大技能。如果你能通過巧妙的方式，馴服這些桀驁不馴卻又業績出色的傢伙，讓他們打從心底裡對你產生認同，你就能得到他們的信賴和幫助。同時，也能讓其他同事對你刮目相看。

同樣的事情，用兩種不同的方法處理，就會得到兩種截然不同的結果。通過對以上兩種做法的分析，我們不難發現，那些真正的狠角色的高明之處在於：

他們做事圓滑，遇事冷靜，處事穩重，懂得以柔克剛，內斂謙遜。為人處世就怕撕破臉皮，傷了和氣。與其等到兩敗俱傷之後再去亡羊補牢，不如在傷和氣之前，就採取正確的策略，以柔克剛，避免出現以剛對剛、傷敵一千自損八百的局面。

懂得以柔克剛，能讓你的人緣更好，做事成功率更高。這不是懦弱的表現，相反，是一種有涵養、有思想的表現。對於事件的結果來說，處理事情的方式和手段亦同樣重要。在這個過程中，你有成千上萬種方法去選擇，懂得靈活地利用巧妙的方式去解決問題，就體現了你的高明之處。這樣的做法，除了能讓事情取得好的結果之外，還能錦上添花，為你帶來更多的附加價值。能讓別人看到你良好的職業素養，更好地展示出你良好的溝通能力，為你贏得更多的人脈，得到上司和同事更多的認可。

當遇到那些強勢的狠人時，只有以柔克剛，韜光養晦，才會讓你大獲全勝。必要的時候，還需要裝瘋賣傻。

項羽，是中國歷史上頂天立地的大英雄大豪傑。為人處世光明磊落，更是將兄弟情義常掛嘴邊。但是結果呢？由於他的鋒芒畢露、重情重義，導致了最後他只能落得個自刎烏江、含恨終生的悲慘結局。我們再反觀一下劉邦，他本是一個小縣城的小小差役，說白點就是一個街頭混混，整天只知道遊手好閒、耍小伎倆。將這兩個人放在一起對比，你會發現劉邦根本就是一個沒膽量沒勇氣的小人，項羽才是豪氣干雲的真豪傑。

但是最終的結果又是怎樣的呢？劉邦成了大贏家。在起義剛開始的時候，劉邦就開始設計，使自己的起事師出有名，之後更是善於借助外力不斷發展壯大，最終擁有了能跟項羽平分天下的勢力。在變強大之後，他又將項羽逼至烏江，讓一代梟雄終死於他這個地痞的手上。劉邦之所以成功，就在於：

首先，**他懂得韜光養晦，甚至在強大之前先裝「孫子」**。

劉邦能夠成功，最根本的原因，是他有著遠大的野心和抱負，同時頗有心機。他明白在自己變強大之前需要做什麼，並不像項羽那樣一開始就鋒芒畢露讓自己成為全天下人眼中的競爭者。項羽的做法，不僅對自己的發展沒有任何好處，還會過早地將自己的實際情況呈現給敵人。所謂知己知彼，方能百戰百勝。將自己的情況完全展現給對手，無異於在自尋死路。劉邦深諳此道理，他首先瞭解了對手的全部情況，之後韜光養晦，到處示弱，讓自己看上去沒什麼本事，只是一個小流氓罷了，然後悄悄地為自己的強大儲備力量。同時，給外界造成「我根本不是你們的競爭對手」的假像，讓對方放鬆對他的警惕。

其次，**利益第一，做事要理性周全。**

劉邦這個人狠就狠在他理性的處事方式，他做的每一件事情都將自己的利益放在第一位。但是表面上看，他卻重情重義。作為一個狠角色，劉邦無疑是很出色的。而項羽卻總在關鍵時刻不是表現得太強悍，就是太婦人之仁。我們不評判他這麼做的對錯，只是這樣的行為只會消耗他的實力。

在你自己還沒有強大之前，你又有什麼能力去為別人出頭，去衝鋒陷陣在第一線呢？又該怎樣去挑戰那些實力雄厚的人呢？既然沒有能力，就不要去做出頭鳥。如果你第一個殺出去，那麼你就極有可能成為炮灰。

當然，或許我們做不了劉邦，也成不了項羽。但是他們的故事，卻可以讓我們明白，一個決心要獲得成功的人，應該怎樣去經營自己的利益，怎麼去通過策略的運用來滿足自身的需求。

不管在何時，不管做什麼事情，切記不要鋒芒畢露，而要韜光養晦厚積薄發。不要輕易讓自己成為眾矢之的，因為你無法保證他們都能和你公平、公正的競爭。如果他們聯合起來與你抗衡，你自然寡不敵眾。最好的辦法不是見一個殺一個，與他們爭個魚死網破，而是儘量不去招惹對方，積蓄力量，在別人還沒有注意到你的時候，你已經擁有了足夠強大的實力，默默地將他們甩在了後面。到那時，雙方已處於不同的競爭平臺，你已站在他們無法企及的高度。要先學會低調做人，再追求一鳴驚人。

什麼樣的路最好走？別人不給你使絆的路。在走這樣的路時，你不用去擔心其他人的別有用心，只需保存實力，一心向前。

我們經常會看到這樣一種人，他們很有江湖義氣，喜歡為別人強出頭，卻往往因魯莽行事而連累自己。與他們不同，那些真正的狠角色，都是理性大於感性的人。他們清楚，成大事者做任何事，都要先確保自己的利益。儘管他們也重情義，但是卻永遠不會貿然行事、強出頭，而是以巧妙的方式去化解，既幫了別人，也能讓自己獲益。

在做事情之前，請一定先權衡自己的利益得失，切勿草率行事。在職場中，利益才是你最需要關心的。在辦公室裡沒有絕對的朋友。大家都是為了獲得利益，為了賺錢才走到一起的，就算關係再好也是暫時的利益共同體而已。所以，不要過於信任自己的同事。對於辦公室裡的是是非非，你更要儘量少摻和，千萬不要貿然的仗義執言，或者為誰打抱不平，不僅解決不了任何問題，反而會

出力不討好。

如果你想成功，想成為一個狠角色，一定要記住，利益是你的唯一出發點。抱著這個原則去做事，去做人，你就懂得在不同的階段，應該採取什麼樣的戰略。

凡事都要將自己的利益，特別是長遠利益放在第一位。只有這樣你才能少走彎路，最終完美地實現自己的目標。

不要以為最聰明的就是你

我們常說「大智若愚」，真正聰明的人絕對不會四處炫耀自己的聰明。他們常常會為了保全自己，或者顧全大局，而選擇掩飾自己的真實想法，甚至在必要的時候裝糊塗。聰明人很多，但真正的能做到「愚」的智者卻很少。

那些上躥下跳的「聰明」人，往往只會耍小聰明，並且熱衷於處處彰顯自己那點小聰明。事實上，這才是真正的愚蠢之舉。如果你自以為自己很聰明，然後整天在別人面前顯擺自己的那點才華，事事搶著出風頭，甚至在上司面前也不知掩飾，傲慢自大，你不僅不會讓別人喜歡你，敬佩你，反而會讓別人厭煩你，鄙視你，沒有人會願意與你共事。你職場的路也會越走越窄。

如果你整天在上司面前顯擺自己的才華，處處搶他的風頭，讓他難堪或者下不來台，他會讓你好過嗎？再開明的上司，就算嘴上不說，心裡也一定不舒服。就算不會打壓你，也一定不會給你好處。一個聰明的人，他不但不會處處張揚自己的聰明才智，還會適當的「裝瘋賣傻」，在需要的時候，會假裝不如自己

的上司，讓上司感受到優越。像這樣的糊塗，不僅不會顯示出你的無知，反而會給你的事業打開一條通路。

有一次，我和一個酒店經理聊天。他對我說：「最近我看了很多管理學方面的書，看完之後，我想到了自己的店。我在想，如果我們酒店想要繁榮興隆的話，我的員工最需要往哪個方向發展呢？」這個看似簡單的問題，其實很有專業性。憑我對他們酒店的瞭解，我坦誠地告訴他，這得根據酒店及老闆的終極目標和戰略來決定。如果認真做起來，這將是一個不小的研究課題，會涉及酒店未來的人力資源戰略規劃。

這位經理顯然不太理解我的意圖，以為我在敷衍他。事實上，我是在提醒他一定要瞭解自己老闆的真實想法，然後再來決定要招什麼樣的人，培養什麼樣的員工。並且委婉地告訴他，除非你是老闆，否則，我只能為「你」的店設計一套人力資源戰略規劃。而不瞭解老闆真實意圖的任何戰略規劃，尤其是人才規劃，一定是徒勞無功的。諮詢和做菜不同，它提供的不是做好的一道菜，而是一個做菜的方法。

最後，我明確地告訴他：「你最好去問問你的老闆，看看他到底是怎麼想的，他未來的目標和戰略是什麼樣的。等瞭解了這個之後，我就能幫你做一個詳細的方案了。」然而，這位經理人還是堅持認為他很清楚老闆的想法，理由很充分：「一直以來，我們之間總能達成共識。老闆給的空間很大，我有好多想法，就想做得更好一點。」

我欣賞他對工作的認真和執著，也很願意幫助他更進一步地成長，但我很清楚，決不能讓他越俎代庖。他好像還不太明白，企業是老闆的，下屬必須真正瞭解老闆的真實意圖，不要一廂情願。如果下屬和老闆的願望背離，下屬只會出力不討好。

如果他堅持這種自以為聰明的心態，最後肯定會「害」了自己。或許，他的想法完全不符合老闆的期望，一昧的一意孤行只會讓他從此失去老闆的信任，也必定得不到多少好處。

現實中，自以為聰明的人，就算不會遭受打擊，也往往不得善終。真正有大智慧的人，表面上都會有點「愚」。「**你的愚笨，便是他人的驕傲；你的聰明，便是他人的恥辱。**」不輕易顯山露水的人，才更容易成功。

狼王馭下的技巧

對待你的下屬，當罰則罰，不服從安排就要施以顏色。上級命令下級，下級聽從上級的上司，本該是職場天經地義、恒久不變的真理。但在現實中，卻有太多桀驁不馴的「刺頭」真實存在著，大多數上司都有被員工頂撞、刁難的經歷。

讓員工服服帖帖，讓客戶、同事對你的原則產生敬畏，這門管理學問博大而精深。對不服管的員工，要嚴格按照相關的規章制度進行處罰，絕不手軟；對不守誠信的客戶，要在適當的時候給予懲罰和警告，讓他吃點苦頭。一定要堅持自己的原則，在原則面前沒有人情可講。堅持原則，是樹立你的威信並保證你的需求得到滿足的必要手段。就算對那些總是挑釁你的平級同事，你也要不客氣的還擊，絕不能用一顆仁慈之心對待那些故意和你作對的人。

張潔是某公司直營店的店長，剛上任不久，她的一個好朋友就遲到了。儘管店裡有「遲到一次罰款五百元」的規定，但礙於面子，同時也怕得罪人，她便睜一隻眼閉一隻眼沒有對朋友實行處罰。

但是沒想到，接下來的一個月，店裡的員工都紛紛遲到，並找各種理由為自己的遲到辯解。張潔很擔心，怕這樣下去店裡就沒有任何紀律性可言。於是，她抓了一個遲到的員工，準備依規章制度去懲罰她，沒想到這個員工十分不服氣：「大家都遲到過，憑什麼偏偏要罰我？你要是想認真執行制度，為什麼今天才開始處罰？是不是專門跟我過不去？」

結果店裡的其他同事都很同情那個被罰的店員，替她打抱不平，卻沒人認同張潔的做法。

這個事例就告訴每一個做管理的人，一個合格的管理者，在獎罰的執行上，要格外重視，不要有開特例的「第一次」，該罰就罰，不存在下不為例。如果你總是抱著「下次再說」的心理，那麼你很可能就會失去下一次的威信。如果第一次不處罰，等到第二次處罰時，對方也會產生極大的抵觸心理。

如何才能讓員工對處罰心服口服呢？

首先，要做到公平公正，建立一套符合自己公司的激勵制度。

制度中要有獎有罰，獎罰分明。凡是表現良好的，可以得到相應的獎勵、晉升；對於違犯了相應制度的人，一律嚴格按照制度規定懲處，讓他們絕無僥倖逃避的可能。充分利用激勵制度，可以極大地調動企業員工的積極性，並且能合理有效地懲罰不合規矩不聽指揮的員工。要保證不唯親、不唯己、不唯上、只唯實，公平相待，以保證激勵制度的順利執行，達到預期的效果。

其次，要以實際表現為依據，做到不偏不倚。

杜磊是某公司的老闆，有一次，一個跟他患難與共的老工人酗酒鬧事，違反了公司制度。按照公司管理制度的有關條例，這個老工人應受到開除的處分。可是，從人情上考慮，他是公司的元老，在公司最困難的階段，他不離不棄，立下了汗馬功勞。並且，他的家庭情況也比較困難，一家人全靠這份工資養活。

怎麼辦呢？杜磊左右為難，經過再三考慮之後，還是決定嚴格按照公司的制度執行。處罰決定一公佈，那位老工人立刻火冒三丈。杜磊平靜地對他說：「公司有公司的規矩，這不是你和我的私事，不能因為咱們的私人感情，而破壞公司的規矩。」

杜磊的做法，也讓其他員工看到了他執行制度的決心，從此公司的紀律大為改善。在這位老工人離職後，杜磊拿出自己的錢，悄悄地補貼給了老人的家屬，幫助他維繫家庭生活，一直補貼到他找到新的工作為止。後來，這位老工人終於理解了杜磊的苦心。

在實施激勵時，必須注重激勵對象的實際表現，當獎則獎，當罰則罰，決不能因為徇私情而違背公司的規章制度。

公司裡只有制度，沒有私情，要想做管理上的強者，首先要管好自己，然後才能管好他人。

紳士風度只會讓你餓死

這個世界向來都是以結果論成敗。只要你贏了對手，你就是冠軍，沒人在乎你採取了什麼樣的手段，但如果你輸了，絕對不會有人同情你。很多人都過分崇尚「紳士風度」，他們常說：「是我的，就一定是我的，不是我的，我再怎麼爭奪也沒有用。所以，我為何要去拼命搶呢？」

我曾經聽過一個發生在德克薩斯州的故事。一位名叫傑森的奧斯丁小夥子經過8年的愛情長跑，馬上就要和心愛的女孩步入婚姻殿堂了。但是麻煩來了，他發現女友身邊出現了新的追求者，而且是一位條件比他優越得多的富商之子。那個追求者開著豪華跑車，時常給她買名貴禮物，還找各種藉口邀她出去吃飯、參加聚會，但都被女友婉拒。

傑森當然堅信他和女友的感情是不容分裂的，但強烈的自尊心讓他產生了這樣的想法：「如果她是愛我的，她一定會主動選擇我，並且與那個人劃清界限，這不需要我開口。而且，選擇的權利在於她自己，並不在我，我必須展現自己的紳士風度。」

就這樣，當女友向他詢問婚期時，傑森給出的回答是「再等等吧」。他的本意是「等你做出了決定再結婚」，但在女友看來，卻理解成了「我現在並不想和你結婚」。矜持保守的下場是傑森被女友誤解，而他也沒能及時地解釋自己真實的想法。於是，當女友第四次要求結婚被婉拒時，她出於憤怒，答應了那名追求者的約會請求，去跟他吃了一頓枯燥無味的晚餐。

傑森驚呆了：「她這是不愛我了嗎？或者，她準備看一看那個有錢的傢伙到底對她有多少誠意？」

過於矜持的想法害了傑森，也最終毀掉了他的感情生活。三個月後，他就向他的朋友們宣佈分手的消息。他的朋友均感到不可思議，當他們瞭解了事情的前因後果後，異口同聲地罵他是一個不折不扣的蠢貨：「沒有人同情你，因為是你自己選擇了出局！」

那些「慷慨」地戴上「紳士」帽子的人通常會成為輸家。他們往往不會堅持真實的想法，因為過於好面子而不夠直白。在追求自己的目標時，他們會不由

自主地犯下觀望或者被動等待的錯誤。在現實中，如果你不能主動追求並且付出努力，即便註定是你的東西，也會漸漸地離你遠去。

在生活中，對於我們喜歡熱愛的事物，我們應該用盡全力，帶著熱忱，積極主動地去爭取，千萬不要拱手讓給別人。如果傑森能明白這個道理，他定會毫不猶豫地牽著女友的手步入婚姻的殿堂，沒有任何人可以阻擋他。可他卻輸給了自己內心的軟弱和可憐的風度。

千萬不要極端地信奉「紳士風度」，要敢於去爭取自己想要的事物，不要因為在意別人的目光而輕易放棄，停止不前。我們要盡全力去爭取做到最好。就算這需要付出極大的勇氣和耐心，就算面對再多的困難，也不能改變這種爭取的決心，一旦有所退讓，你可能就功虧一簣，再無取勝的機會。

訂下一個明確的目標之後，我們便要集中全部精力去實現這個目標，用盡自己擅長的所有手段，使出所有的力氣，不到萬不得已，就絕不放棄。切勿貪戀「紳士」的空頭銜，相信我，只要你有目標、有毅力、有決心、能忍耐、敢爭取，在這個世界上就不怕沒有你的立足之地。你會成為一名出色的獵手，在危機四伏的森林中謀取到屬於你自己的強大領地。你強壯、犀利，具備了狼的精神，敢於去爭搶一切果實，一定會成為一個徹頭徹尾的狠人！

要學會跟狼王相處

在職場中，只有廣結盟友才能諸事順風順水。沒有人能在職場的暗黑森林裡孤軍奮戰，就算你身懷絕技，也無法以寡敵眾，必須借助他人之力，才能大獲全勝。

大凡成功者，都會最大限度地整合可利用的資源，懂得借助他人的幫助來快速高效的處理問題。全球投資大師巴菲特就是善於利用資源的人，他之所以能在投資的過程中獲取各種關鍵的資訊，能以自己的關係來滿足需求，去構建自己的需求鏈，進而成為投資界的大贏家，就因為他廣結盟友。

職場其實就是一個關係場，只有懂得利用人際關係的人，才會在工作中如魚得水，得到同事的喜愛，客戶的依賴，上司的器重。

中國人在成就事業時講究天時、地利與人和的完美結合，三者缺一不可。而人和，就是講求人際關係的協調。俗話說「人熟好辦事」，當你和同事、上司、客戶打成一片時，你就會發現很多事情更容易辦妥，很多問題更容易解決。

這就是充分利用了人際關係的力量。與不同的人相處就會產生不同的關係，職場中最常見的是和下屬的關係、同事的關係、上級的關係。只有將每一個關係都維護好，才能建立完善的關係網，才能確保你步步高升。

處理好與下屬的關係，你就能得到更多臂膀的支撐，你的管理會更加卓有成效，你的團隊會更加優秀；處理好與同事的關係，你就不會再遭受別人的排擠，你就不用再絞盡腦汁防東防西，你就能夠保存更多的精力用於工作；處理好與上司的關係，你就能得到上司更多的青睞，你的能力會更容易讓上司看到，你將得到更多的機會。在將這三種關係處理好之後，你在處理問題時，在面對困難時，就會更加輕鬆自如。但是很多人都沒有意識到這三種關係的重要性，而狠角色們都能遊刃有餘地駕馭好這三種關係。

連續劇《宰相劉羅鍋》中，劉墉與和珅的鬥爭過程，就充分地體現了這三種關係的運用。

皇帝會在確保自己威望的前提下，時不時地參與到下屬的爭鬥中，挑起一些可大可小的事端，然後隔岸觀火，適時出馬控制全場。這樣的做法，可以時刻保持下屬對自己的重視，讓大家都聽他的擺佈。下屬們誰也離不開他，不僅提高了自身的威望，也削弱了下屬的力量，還不會架空自己。這可謂職場中處理下屬關係的典範。

從同事角度來看，在這麼多年間，作為「天下第一貪」的和珅，為什麼能與正直廉明的劉墉打成平手？這要歸功於和珅對於同事關係的合理運用。他能最大限度地調動自己的人際關係，不斷地去與劉墉進行車輪戰，當出現問題時，有眾多人願意去出面維護他。今天這個人找劉墉點麻煩，明天那個人給劉墉使個絆子，讓劉墉自顧不暇，轉移了注意力，最後讓問題大事化小，小事化了。並且，和珅善於通過對同事關係的合理利用讓上司看到他的重要性。可見，和珅對同事關係的處理已到了爐火純青的地步。

誠然，如果和珅和皇帝的關係處理得不好，也不會囂張那麼多年。反觀，劉墉如果跟皇帝的關係處理得夠好，也不會與和珅鬥這麼多年。一個真正精明的人，他不但懂得廣泛地團結同事，還知道將自己的直接上司也納入自己的利益圈，以此作為武器，對付異己。

很多時候，就算你能力再高，你和別人的關係特別是和上司的關係處理得不好，你也很難成事。要知道，上司說你行你就行，說你不行，就算你能力再高也不行。就拿劉墉來說，他的能力有目共睹，但是他不會處理和上司的關係，很容易讓上司抓到缺點，覺得他不能獨當一面。相反，和珅辦正事的能力弱，卻深諳討上司歡心之道，上司總能看到他的優點，認為他懂人情世故，能和同事打成一片。

由此可見，在職場中，靈活地運用人際關係就是通往成功的重要助推力。在成功的道路上遭遇問題時，一定要懂得利用關係網來為你服務。

攻擊能力決定你的地位

職場是殘酷的，在那裡沒有絕對的朋友，只有絕對的利益。每個人都要保持清醒和理智，聰明地選擇適合的方式，去展示自己的價值。

老張就是因為沒有意識到職場的殘酷，過於輕信別人，最終成為別人剷除異己的棋子。他以前是一個小主管，對於總經理，忠心耿耿。總經理對他也十分信任，有意提拔他當副總經理。但是，由於老張的疏忽大意，最終卻成為別人剷除異己的棋子。在一次總公司派人來視察工作的時候，大家在一起吃飯。中途，公司裡的一位上司將老張叫到外面跟他說，總經理安排你去給總公司的上司送一些禮物，東西就在那個房間裡，你去給上司送過去吧。飯後，老張就將禮物送到了總公司上司的房間裡。

結果呢？沒過幾天，總公司就派人徹查分公司總經理的問題。原來那位總

公司的上司一直以廉政出名，對於這種送禮的行為極為反感。分公司的經理在得知真相後，大發雷霆。他當場就免除了老張的職務，將他痛罵了一頓。總經理也受牽連被革除職務。而之前那位讓老張送禮的上司，卻成了新的總經理。原來，他一直都對總經理的位置虎視眈眈，此次他導演了送禮的戲碼來借刀殺人剷除異己。

此時，老張才恍然大悟，原來在不知不覺中，成了一枚被人利用的棋子。

在職場中，這種被人利用的現象是很常見的。所以，要時刻保持警惕，認清自己的處境，知道該做什麼不該做什麼，絕對不能當別人的殺人工具而不自知。待到你後悔時，一切都為時已晚。

不要為了一些眼前的利益，而做出一些不計後果的事情。要想不做別人的棋子，你就必須借助自身的實力去實現你的價值，獲取你想要的利益。

我曾在課程上，針對價值與利益的問題，對學員說過：「有資本才能講條件，有價值才能謀利益。如果你什麼都沒有，對不起，你為何還要坐在這裡？」

晶晶是某策劃公司的文案，來公司已經三年多了，業績向來很好，許多大案子的文案都由她一手捉刀。可以毫不誇張地說，這些案子的成功，有一半的功勞都歸她。有不少客戶都是在看到她寫的文案後，馬上產生了濃厚的合作興趣。但是，她的薪水卻始終不高不低，一直漲不上去。原來，晶晶和她的上司徐總性格不合，兩人的關係一直不怎麼好。晶晶說話喜歡直來直去，不留面子，沒少攪了徐總吹牛的興致，無形中就成了徐總的眼中刺。她的策劃能力很強，公司又離不開她，徐總為了報復，就不給她升職加薪的機會。

不過，晶晶的機會還是來了。有一次，徐總自己策劃設計了一個大專案。他在老闆面前拍胸脯打包票，信誓旦旦地說兩個星期就能說服客戶簽約，結果十幾天過去了，公司也投入了上百萬的成本，卻一點音訊也沒有。老闆非常生氣，鐵青著臉把徐總狠罵一通。

徐總經常說大話，在老板眼中的印象一直都不怎麼好。早在去年，公司就有意從一些知名度較高的策劃公司挖一位總監過來，將他換掉。所以，這次徐總要是表現不夠好，就很有可能被降職。晶晶知道，她的機會來了。徐總急得如同熱鍋上的螞蟻，為了自救，只好來找晶晶。晶晶沒有拒絕，但她提了三個條件：

第一，必須讓她成為該案子的策劃人之一，要將她的名字上報到老闆那裡。

第二，要給她合理公平的待遇。

第三，以後讓她獨立負責一個策劃小組。

徐總明白，晶晶這是在跟自己講條件呢。她提出的條件，既確保了她的利益，又能很巧妙地借機獨立出去，擁有了很大的工作自主權，也更容易得到老闆的重視。可是，如果不答應她的條件，自己就無法擺脫困境。想來想去，徐總只能選擇先救自己，遂答應了晶晶的要求。經過這件事，晶晶不但成功地達到了加薪的目的，而且也讓老闆看到了自己的價值。不久之後，她如願升為公司的專案經理。

機會是靠自己爭取的，而不是上帝賜予的。現實中有很多表現自我價值的機會，關鍵在於你是否有足夠的能力一擊即中。所以，要盡最大力量積累你的有效資源，提高你的有效價值，擴大你的有效資本，最終，你一定能看到一個滿意的結果。

依附在最強的狼底下

在職場裡，入對陣營，找對靠山，有時候跟自己的努力同樣重要。絕大多數的成功人士身邊，都少不了貴人的身影。在歷史的洪流中，有多少達人賢士因為找錯了靠山而慘敗，又有多少人由於入對了陣營而風生水起，平步青雲？由此可見，在追逐成功的道路上，既要依靠自身的能力，也要找到對的靠山，兩者同樣重要。

或許，有些人會對這種找靠山往上爬的方式嗤之以鼻。他們可能會義正詞嚴地說，這是小人的做法，通過靠關係發展的人，是不會在職場中得到長久發展的。我只能說他們的想法太過天真，看問題還不深入，也不夠全面。找靠山，並不代表著你要拉幫結派，而是在以理想結盟，以能力互助。找到那些和你一樣有理想，並且欣賞你的能力和做事風格的人，然後爭取得到他們的支援和幫助。

當你進入一家公司後，你首先要做的也是去和同事搞好關係，那你的目的又是什麼呢？你不也是希望能得到別人的支持和幫助麼？在競爭激烈的職場，自

然存在明爭暗鬥，也自然存在著抱團作戰的情況，自然就會形成不同的陣營。那麼，在這樣的狀況下，一昧的孤軍奮戰顯然不現實，此時你應該做到：

◎「要清楚陣營之間的區別和矛盾點在哪裡，將你結交範圍內的所有人進行整裡和分類」。這樣，你至少知道在碰到什麼人時該說什麼樣的話，不至於招惹到他們。

◎「要有眼光。能夠縱觀全域，了解哪個陣營的實力更強，並且會在相當長的一段時間裡會有更好的發展。」這樣的能力，正是那些能呼風喚雨的狼角色所必須具有的。

◎「要對有優勢的陣營加強瞭解。」瞭解他們的目標及做事方式，清楚他們的核心力量及成員們在公司的職能和影響力。這些情報，最好在剛入公司的時候就弄清楚，並且儘快做好選擇，如果可能的話，加入到對的陣營裡。

那些有靠山可依，卻固執地選擇孤軍奮戰的人，他們的發展也不會長遠。為什麼這樣說呢？

首先，說明你的自我意識太強，不適合團隊的整體發展。那些自命清高的人，往往只能形單影隻，無人願與你同進退。而和誰都走得很近的人，卻在無形中拉遠了和別人的距離，也得不到別人的信任。加入一個好的陣營，能幫助你更快地融入團隊，更好地快速發展自己。

一個好的靠山，一個好的陣營，能給你帶來更多的機會和資源。何樂而不為呢？

充分利用自己可以利用的資源，作為為人處世的依託。找一個好的靠山，讓你的事業更快速的發展，能得到別人幫助的時候，千萬不要選擇單槍匹馬孤軍奮戰。以此類推，當遇到問題時，只有去抓最主要的問題，去找最具影響力的人和勢力，才能有效解決問題，這就是擒賊先擒王的有力體現。

小李是企劃部剛入職的一名新人，他做事情果斷，有創意，有想法，在公司的表現一直不錯。上司很喜歡他，並且打算對他重點培養。一次，上司讓小李去追蹤一個新的產品專案。在追蹤的過程中，小李發現了一個問題，專案前期的承諾過於完美，導致後期的維護難度頗大。面對大量的客戶投訴電話，小李有些傻眼了，他有兩個選擇：

第一，意識到自己是新人，第一次處理這種情況，還缺少經驗，有問題立馬跟上司彙報。靜待上司的批示，然後再去解決問題。

第二，看到這是一次展示自己的好機會，找到問題的核心，先跟負責前期工作的相關上司溝通、協商，找出完美的解決方案。之後向自己的上司彙報問題分析結果和處理方案，以徵求他的意見。

小李毫不猶豫地選擇了後者。他的做法，不僅順利快速地解決了問題，也讓他得到了上司更多的賞識。

我們來看一下這兩種做法：前一種做法，通常無法從根本上解決問題，雖然他有向上司彙報工作的意識，但是卻一昧地等待上司的命令，會給上司留下辦事沒有想法，只懂得執行，不會主動發揮的印象。這個專案出現問題的原因在於前期工作沒有做到位，而小李只是負責後期工作的維護，要想解決問題，就必須去和負責前期的人溝通。如果只是單純告知自己的上司，也不能解決問題。

而第二種做法，則是先找到了問題的根本原因，與關鍵負責人。通過溝通，找到解決問題的方案，然後再去向上司彙報工作。一方面，展現了他處理問題的應變能力及協作溝通能力。這樣的做法，必然能讓他得到上司的重用。

在工作中，切忌一遇到問題就火燒屁股的去跟上司反映情況，而要冷靜地去觀察、思考問題的根源在哪裡，然後做出相應的解決方案，再去請示上司的意見。待上司審批後，再去實施你的方案。

在這個過程中，你最需要注意的是，一定要透過現象看到本質，找到最核心的問題和最核心的相關負責人。只有這樣，你才能快速地解決問題。一定要記住：**一個團隊會有主要負責人，問題也有最核心的那個點，要想快速找到解決問題的方法，就必須找到核心的問題點。**

不要一次使盡全部技倆

不到攤牌的最後一刻，都要緊緊地捂住自己的底牌，不要輕易讓別人看到。「手裡的底牌有多少，有多大，就註定著你能走多遠。」，人們對於未知的東西都會存有幾分畏懼，只要你的底牌不翻開，他們永遠也不知道你到底留存多少實力，也絕不敢輕易採取行動，這樣你才會走得更遠。

我們在與別人相處時，的確應該主動向別人展示一些東西，比如，才能、優勢，但是，也不能完全地和盤托出，要有所保留，為自己留存一部分實力。我曾在面試員工的時候，見過太多急於展示自己的人。他們為了讓面試官看到自己有多麼的出色，甚至連自己在小學時獲得的獎項也說了出來，以此來證明他從小就很努力，非常優秀等等。其實對於這樣的人來說，講了太多自己的事情，像一個透明人一樣很容易被別人看透，同時，也很容易讓別人看到他的不足和劣勢。不但不會被別人看重，可能還會失去很多機會。

人們總是希望能看到驚喜。你為何不投其所好呢？讓你的上司時不時地驚喜一下，讓他不經意間看到你更多的才能。在他們眼中你就擁有了巨大發展空間和被賞識的資本。如何才能讓你的上司在你身上看到驚喜，覺得你一直在成長呢？不要在一開局，就迫不及待地將自己的所有展示給他們看，要在手中留有幾張底牌，保持幾份神秘感，不至於讓他一眼看穿，然後等待時機好好展示，讓他對你另眼相看。

小張是公司的業務員，平時工作還算不錯，但是並不出眾。上司並沒有對他產生多少好感，只覺得他做事踏實，很有幹勁。最近，有一個晉升機會，上司想從小張和小王中挑選一個，將他提拔成負責人。上司更想提拔小王，因為小王的工作經驗更豐富、業績更亮眼一些。當小張得到這個消息後，果斷地找到機會，主動向上司請纓，希望能負責一個難度頗大的專案。上司也想看看小張真正的能力，就同意了他的請求。小張借助之前的人脈和經驗，順利並且超額完成了任務。這個結果，完全出乎了上司的意料。上司對小張的看法立馬來了個一百八十度的大轉變，意識到他是一個很有前途、有發展潛力的員工。最後，將原本給小王的晉升名額給了小張。

通過小張的事例我們可以看出，在工作中，保存幾份神秘感，給上司和同事製造一些驚喜也是很有必要的。你需要注意：

◎千萬不要讓對手先看透你，誰先被看透，誰就先面臨失敗。

◎千萬不要讓老闆輕易看透你，時常給他點驚喜，讓他時時注意到你。你被提拔的可能性就更高。

◎盡可能地將你的底牌保管好，以備不時之需。

◎該出手時就出手，當機會來臨時，要果斷出手，讓你的底牌發揮最大的功效，才能出奇制勝。

好鋼要用在刀刃上，過早地顯露你的底牌，只會讓你被人家發現弱點。職場上，出奇制勝是很重要的戰略方法。那些別人無法猜透的人才是最可怕的，他們常常會後發制人。不管是面對敵人還是朋友，手中都該為自己留有足夠的底牌，在說話辦事時才更有底氣。合理地利用你的底牌，讓你的資源獲得最大的回報，讓它成為你走向發現成功的助力。

4 CHAPTER

狼子野心：
你想吃下多大塊的肉？

馬斯洛將人類的最高需求定義為：自我價值實現的需求，這也是每個成功者鍥而不捨並為之奮鬥一生的需求。自我實現是一種野心嗎?從生物學的角度橫向來看，顯然不是，然而從每個人的生命歷程縱向來看，它不但是野心，更是源源不斷的內驅力。咬定青山不放鬆，找到自己能夠實現價值最大化的切入點不斷深入，只有深入才能挖到甘甜的井水。

你確信自己很棒？但這還不夠成為狼王！

一個人只有抱定一個明確的目標，並且時刻將目標根植於心，才會讓事情按照自己預期的方向發展。一位行銷大師曾說過：「每天早上醒來，要對著鏡子說三遍『我是最棒的』。」如果一個人帶著自信的狀態出門，無論做什麼事情都將充滿信心、活力無限，將有利於提高當天的成功率。

為什麼會這樣呢？其實是心理暗示在起作用。心理暗示對我們的影響很大，合理地利用心理暗示的積極力量，一定會讓你很出眾。

我遇到過很多這樣的人，在做事情之前，總會先去想萬一失敗了怎麼辦？萬一我不行怎麼辦？他越是這樣想，呈現出來的狀態就越像個失敗者。因為心理上的暗示發揮了作用，於是他的言行舉止就透露出不自信，做事情時也沒有了信心，就很難成功。相應的，失敗會使他越發不自信，然後，他就陷入了一個怪圈，會因為沒有信心而經常失敗。

要想擺脫不自信的局面，那就應該這樣做：

◎對自己有充分的認識和肯定，一個對自己都不夠瞭解的人必然會被別人打倒。一個連自己都不能肯定的人，就不要期望會得到別人的肯定和賞識。

◎經常對自己說：「我能行，我可以，我最棒。」一個常常將「不行」掛在嘴邊的人就註定他真的不行，連嘗試的勇氣都沒有的人又何來成功？

◎要對自己狠一些，逼迫自己一定要主動做些什麼。不把自己逼到一定的程度，你就絕對不會發現自己的潛力。當你開始逼迫自己時，你就會看到不一樣的自己，會發現原來自己也能如此的優秀。

要時常保持一顆奮發向上的心，做一個充滿朝氣，勇於面對挑戰的人。這樣的你在老板眼中才是有潛力、有價值的，會無形中給你帶來更多的機會。而你要做的就是把握好機會，奮鬥不息。

香港影星成龍曾經收過一個女弟子，當記者問他為何收她為徒時，成龍說道：「拍戲的時候大家都很累，在會場休息時，大家都一副無精打采的樣子。只有她，依然保持充沛的精力，充滿朝氣，很引人注目。於是，我特意關注了她，最終收她做了我的弟子。」

這說明，要讓別人注意你，欣賞你，你必須要有良好的心理素質，時時充滿熱情，保持活力。時刻告訴自己，「你是最棒的」。

要不斷告訴自己「我很棒」，要相信自己是最棒的，堅信自己的能力。這不僅能讓你在心態上保持奮發向上，還能讓你成為最引人注目的那一個。同時，也能讓你在做事情時更有魄力，進而提高成功率。要有自信，做事乾脆果斷，雷厲風行，這也是狠角色們共有的表現。

你要時刻告誡自己：你是最棒的，你能行。帶著這樣的心態去做人做事，才能無往而不利。時刻保持良好的心態，勇於挑戰自己，敢於展現自己，那麼你得到的機會就會更多，就更容易走向成功。成功者無一例外都是絕對的自信者。而因成功產生的自信心，會推動你下一次的成功。這樣你就會進入一個良性的迴圈。

在自我激勵的同時還要讓自己時刻充滿熱情。充滿熱情，比功成名就更加重要，它能使你保持年輕的心態，活力四射，能幫助你取得更多的進步。

一位微軟的招聘官員曾經對記者說：「從人力資源的角度來講，我們願意招聘的「微軟人」，他首先應該是一個非常有熱情的人，他需要對公司有熱情、

對技術有熱情、對工作有熱情。」

時刻充滿熱情可以讓你處於最佳的工作狀態，這不但能夠提升你的工作業績，還會帶給你許多意想不到的成果。

很多剛剛踏入職場的員工，他們通常早來晚走，鬥志昂揚，就算忙得團團轉，也依然非常開心。因為對他們來說，新鮮的工作會激發他們的挑戰心及征服欲，能給他們帶來刺激有趣的感受。

這種工作時充滿熱情的狀態，大多數人都在初入職場時擁有過。可是，這份熱情更多來自於對工作和環境的新鮮感，以及對工作中應對各種挑戰的征服感。新鮮感在時間的流逝下逐漸消失，征服感在工作的重複中慢慢隱匿，熱情也將隨之煙消雲散。工作會在日積月累中歸於平淡，最初天馬行空歡欣活躍的創意點子也會銷聲匿跡。每天都要面對的工作也只是需要機械地去完成的任務而已。於是，在工作中你開始倦怠，開始迷惘，開始有心無力，找不到自己的方向，不清楚究竟該怎樣才能找回那份曾經的熱情。你不再是那個充滿朝氣前途無量的員工，僅僅只是一個循規蹈矩只求做好分內事的稱職員工。

當熱情消失後，要想再做到時刻充滿熱情，可以從以下兩個方面入手：

第一，讓你的熱情像野火般熊熊燃燒，感染到其他人。

人們很容易被別人影響。讓自己時刻充滿熱情的最好的方法，就是讓自己置身於一個熱情彌漫的環境中。如果你周圍的同事也和你一樣沒有熱情，那你就要帶著滿滿的熱情出現在辦公室，將你的熱情傳染給他們。當他們被你的情緒點燃，你就會被四射的熱情環繞，你的情緒也會被持續感染，就能讓你在工作時擁有源源不斷的熱情。

第二，保持良好的精神狀態，不斷暗示自己要充滿熱情。

良好的精神狀態是每個老闆都期望從員工身上看到的，它是你擁有良好工作態度的保障，也是你對工作充滿熱情的外在表現。當你在工作中，能保持良好的精神狀態時，你自然就會充滿熱情。所以，就算工作不順心，也不要唉聲歎氣、怨天尤人，要學會掌控自己的情緒，通過自己的努力讓周圍的一切都變得積極明媚起來。

查理•鐘斯説過：「如果你對於自己目前的處境無法感到高興的話，那麼可以肯定，就算換個環境你也照樣不會感到快樂。」換句話説，如果你現在所擁有的一切都無法讓你感到興奮點燃熱情的話，那麼就算有一天你獲得了有價值的東西，你也一樣不會感受到真正的快樂。

也就是説，你是否能變得積極起來完全取決於你自己。

當你置身險象環生充滿競爭的職場，你是以一個獨立的個體而存在的，所有的一切都必須自己去面對。不要妄想能時刻得到老闆、同事、下屬、家人和朋友的鼓勵與幫助，你唯一能做的就是以最好的自己去應對每一次挑戰。

每天你都要自信滿滿地去迎接新一輪的工作挑戰，充分發揮自己的才能。要不斷為自己樹立新的目標，保持對工作的新鮮度，以確保自己在工作中充滿熱情。當你擁抱熱情時，你的內心也會相應地產生反應，你會更加自信，也會更加主動地去發掘自己的潛能，讓別人認識到你真正的價值。

你要打起精神，去迎接每一天的工作，工作時主動、專注，與同事相處時友好、和善，和客戶交流時大方、得體……時刻保持精神抖擻、活力四射，這樣的你定會得到老闆的賞識和信賴。永遠都不要將倦怠寫在臉上，將煩惱掛在嘴邊，任何時候你都是最從容淡定的那一個，讓別人感受到你那明朗陽光的熱情和你由內而外散發出來的積極向上的感染力。

選定榜樣並且超越他。

有什麼樣的理想，就決定了你會有什麼樣的成就。遠大的目標是保證一個人取得成功的磁石。

美國哈佛大學曾經進行了一次關於人生目標的調查，物件為一批剛畢業的大學生。調查結果顯示：在這些人中，有百分之二十七的人沒有目標，有百分之六十的人目標模糊，有百分之十的人，有著清晰而短期的目標，有百分之三的人，擁有清晰而長遠的目標。

二十五年後，哈佛大學對這些對象進行了進一步的跟蹤調查，結果發現：那百分之三的有清晰而長遠目標的人，幾乎都成了社會各界的成功人士、行業領袖和社會精英；那百分之十有著清晰而短期目標的人，都成了各個領域的專業人士，大都生活在社會的中上層；百分之六十目標模糊的人，過著安穩的生活，沒有什麼成就，幾乎都生活在社會的中下層；至於剩下那百分之二十七的人，生活依舊沒有目標，並且還在抱怨他人和社會不給他們好的發展機會。

目標是人生努力的方向，是成功的地標，也是人類生命價值和使命的彰顯。要想成功，就必須先設定合理的目標，如果沒有目標就無法邁向成功。

一個人追求的目標越高，他的能力就提升得越快，對於社會的價值也越大。

對於你來說，你的過去或現在是什麼樣子並不重要，你今後想成為什麼樣的人，你將來想要獲得什麼成就才是最重要的。你必須對你的未來充滿期待，懷有遠大的目標，否則你就只會為了工作而工作，到頭來終將一事無成。

目標不能是盲目的，它必須是明晰的、具體的、可操作的，一個長期的目標，需要通過不同階段的短期目標一步步達成，長此以往，必能到達成功的巔峰。

一位美國心理學家調查發現，在專屬於老人的療養院裡，出現了一個頗具深意的現象：在節假日或者是一些特殊的日子裡，死亡率就會降低。經過調查，發現他們中的很多人給自己定了目標，要多過一個耶誕節，多過一個紀念日，可等到這些特殊的日子一過，他們的願望一實現，繼續活下去的意志力就減弱了，死亡率就會升高。

我們的生命是可貴的，在時間允許的情況下應該多做一些有意義的事情，去努力實現自己的目標，人生才會更有價值。

你的人生高度，往往取決於你當初設定的奮鬥目標。要有你想過什麼樣的生活，想成為什麼樣的人的認識和規劃，這比你擁有什麼樣的學歷更加重要。

只有確立了目標，人生才有方向，才能在努力中不斷地進步，最終抵達終點。因此，不妨選定你心目中站得最高的那個人作為自己的榜樣，向他學習，和他競爭，然後超越他。

每個人職業生涯發展的終極目標，不外乎希望自己能成長得更快、取得更好的成就、獲得更大成功。然而，對於職場新人而言，經驗不足、資歷不夠，都會讓個人的發展受限，而他們最大的發展障礙就是找不到自己發展的最佳方式和路線。此時，將自己身邊站的最高、走的最遠的那個人列為自己的榜樣，不斷向他學習，便是職場新人快速成長的有效策略。

有一個成功的榜樣，可以幫助你少走很多彎路。在尋找榜樣時，我們可以有兩種選擇：

第一種，從你所處的行業外，尋找一個成功的榜樣，去向他們學習成長的策略，以及遭遇挫折困難時的應對方法，用他所取得的成功來時刻激勵自己。

第二種，從自己的公司內部尋找一個成功的榜樣，去向他們學習好的工作方法，以及為人處世之道。要以他為榜樣，虛心向他學習、請教，努力去超越他的成就。

成長的動力總是源自于榜樣的激勵，在實現夢想的道路上，要想更快更好的發展，就要給自己找到學習的榜樣。以榜樣為鑒，客觀剖析自己與榜樣之間的差距，從而看清自己的不足，然後通過不懈的努力去提升自己，最終超越他。

事實上，向榜樣學習的確是一件知易行難的事情。如果只是做一下表面文章，而沒能細緻地掌握和瞭解其中的細節和關鍵，那麼所謂的職場榜樣對個人的職業發展也不會有多大的激勵作用。

在現實工作中，很多人為找不到自己的榜樣，或者找到了榜樣依然收效甚微而感到困惑。其實產生這些現象的根本原因，就在於當事人沒有找到合適的學習方法。

我們究竟需要什麼樣的職場榜樣，又該如何從榜樣身上汲取自己前進的能量？首先一定要清楚，我們學習榜樣的目的是什麼。

通過學習榜樣在實踐中積累起來的成功方法，汲取他們的經驗教訓，可以幫助我們改進自身在工作中的不足，減少錯誤的發生，減少摸索的時間，以便快速順暢地實現在職場發展中的目標。

有了目標的引導，找到對我們有用的學習榜樣就相對明晰了。要先對自己進行一個全方位的分析，找到職業生涯發展中需要改進的地方，然後去對照著找一個在這些方面做得很成功的人去作為你的榜樣。需要注意的是，儘管每個成功人士身上都有很多值得學習的優點，但這並不意味著他們都可以成為你的榜樣，對你來說，真正適合你的才是最好的。

一個有效的榜樣的標準應該是：

◎他表現出來的職業綜合素養和職業水準高於身邊的其他人。

◎在特定的範圍內，他在職場上的行為以及他所取得的成績對別人有著一定的示範效果。

◎通過對他的學習，能最大限度地彌補你在職業生涯發展過程中的能力或思維方式的弱點。

◎他的職業經歷或行業屬性，與你的職業生涯發展方向相關聯。

◎在職場中，他的行為是積極向上，不觸犯法律的，也不會違背職業道德。

絕不能被別人看見你的虛弱

職場中，高手如林，不管在哪個行業，都有無數強者存在。面對強者，很多人都會自我設限，還未和他們真正交手，就已經心驚膽顫甘拜下風，將自卑和軟弱展露無遺，先被自己打敗。事實上，你沒有輸給他們，而是輸給了自己。

在強者面前，暴露出你的自卑和軟弱，只會長他人志氣滅自己威風。讓自己時刻充滿自信，先成為心理上的強者，這是你變得真正強大的第一步。真正的強者，首先得是心理上的強者，不管自己面對的是誰，不管對手有多強大、多可怕，他都能保持一顆平常心從容應對。

一個心理上的強者，能夠讓別人時刻感受到他生命中無所不在的力量。不管是在人生的坦途，還是在崎嶇的山路，他們都會坦然面對成功和失敗，不會輕易地倒下，亦不會患得患失。面對比自己優秀的人，他們也不會妄自菲薄，而是依舊充滿自信。

時刻都充滿自信，會讓你更真切地感受到自己的能力，能讓你勇敢無畏、屹立不倒。那些軟弱無力、優柔寡斷的人，就如莎士比亞所說的那樣：「自卑軟弱的人永遠也體會不到自信者身上煥發出來的那種榮光！」

自信，在我們的人生中有著強大的影響力。一個不自信的人，會對自己的能力充滿懷疑，會越來越喪失信心，他的人生也就有了更多的不確定。如果他始終以不自信的態度去面對人生，必定無法走向成功。

強者的內心都充滿力量，當遭遇對手時，頗有「敵弱他強，敵強他更強」的勢頭，就算面對比他更強的人，他亦能呈現出比之更強的勢頭。他絕不允許暴露自己的軟弱去成全別人的優越。

一個人要想成功，就必須先學會勇敢面對強者，去與他們博弈，向他們學習。只有這樣，你才有成為一名強者的可能。要想成為強者，就一定要知道強者的這幾個秘密：

◎強者的第一個秘密：內在的強大才是最重要的，而不要流於表面。

心理上的力量是一個人生命力的體現，它來源於人的內在。心理學家發現，每個人都有著巨大的心理潛力。要想讓內在變得強大，就必須重視對自己內心的探索和挖掘，以激發出不可估量的強大潛力。

那些只追求外在強大的人，往往內心掩藏著某種自卑。而自卑會使人弱化，削弱心理的力量。只要消除自卑，以及其他弱化心理力量的影響因素，你就一定能成為心理上的強者。

◎強者的第二個秘密：相信自己的本能，會讓你擁有更強的能力。

當你堅信自己行的時候，你就一定能行。很多人總認為自己需要一個自信的理由，實際上自信不需要理由。只要堅持相信自己，你就會發現，你的內心早已產生了你需要的力量。

◎強者的第三個秘密：敢於面對磨難。

磨難就像你在跑步時，背在身上的包袱。當你跑步背著它時，雖然會跑得很吃力，但是你的力量會變得更強，以後你就會比別人跑得更快。當遭遇磨難時，不要驚慌失措，怨天尤人。要冷靜、從容，用你強大的內在和自信去與之對抗。你終將會取得勝利。相信磨難會將你打磨成一顆真正耀眼的鑽石，就算立於一群強者之中也能絢爛奪目。

在人們的眼中，強者都是所向披靡戰無不勝的。其實，強者也會經歷人生的風雨，但不管何時何地，不管對手是誰，他們都能從容不迫地去應對。只要你能像強者那樣，不亢不卑地面對一切，你最終也一定能成為令人仰望的強者。

要記住，自卑和軟弱會讓你不自覺地進行自我設限，然後變成溫水中的青蛙，不知不覺間就將自己慢慢地逼上了絕路。而自信則能讓你勇敢地面對一切，那些你曾經仰望過的人，總有一天會因為你的努力，而立於他們之上。

認準了，就要一直走下去

在奔向成功的路上，每個人都會遇到很多挫折，也會面臨很多意想不到的挑戰。在這個時候，很多人想到了放棄，但是那些能夠成功的人，都會在認准自己的既定目標後，堅定不移地走下去。

只要堅持、努力就有可能與成功結緣。許多事情，就算表面上看起來敗局已定，但是，只要你善於忍耐，堅持努力下去，就會看到成功的曙光。這是每一個成功人士的必經之路。

有一位電臺主持人曾被辭退過十八次，她的主持風格也曾被貶得一文不值。最初，她希望去美國的大陸無線電臺工作。卻被電臺負責人拒絕，理由是她是一名女性，無法吸引聽眾。在之後的幾年裡，她不停地找工作，也不停地被辭退，甚至遭受了一些電臺的指責，說她根本不懂什麼叫主持。

一九八一年，她去了紐約的一家電臺工作，沒過多久，她就被指責跟不上時代的步伐，再一次失去了工作。緊接著在失業中度過了一年多的時間。有一次，她向國家廣播公司的職員推銷她策劃的清談節目，這個職員雖然同意試用她，但是卻不讓她做什麼清談節目，而是讓她主持一個以政治為主題的節目。

可是她對政治一竅不通，為了能保住這份來之不易的工作，她開始瘋狂地惡補政治知識……

一九八二年的夏天，由她主持的以政治為主題的節目終於開播了。她憑藉自己嫻熟的主持技巧和平易近人的主持風格，打動了無數聽眾。在節目中，她讓聽眾撥打電話討論國家的政治活動，甚至包括總統大選。這一做法，開創了美國電臺史上的先河。她一夜成名，由她主持的節目也成為全美國最受歡迎的政治節目。

她叫莎莉•拉斐爾，在美國的傳媒界，她是一個神奇的存在，不管走到哪家電臺和電視臺，都能創造巨大的價值。

莎莉•拉斐爾說：「我平均每一點五年，就會被人辭退一次，在那些時候，我曾認為自己這一輩子可能就這樣完了。但是我相信，上帝只是掌握了我一半的命運，當我愈加努力，我就能戰勝他更多一些，我手中對自己命運的掌控率也會越來越大，終於有一天，我贏了上帝，我的命運完全握在了我自己的手中。」

凡事沒有不可能，一切不可能都是你為自己的退縮找的藉口，機遇都是自己創造的。只要堅持不懈，機會終會垂青於你。

沒有一條路是筆直、平坦地通向成功的，如果想要成功地抵達人生的巔峰，就必須勇敢去面對和克服路途中的困難與險阻。在困難面前，只有堅持不懈，才能以百折不撓的毅力走出這條彎路，並且克服困難，戰勝險阻，最終達成目標。

美好的東西總是得來不易，實現夢想的路途亦是荊棘遍地。為了暫時逃脫困難，躲避艱辛，大多數人都因膽怯退縮而不敢面對。他們挖空心思找各種藉口，去與時間捉迷藏，能拖一時拖一時，能拖一日是一日。但這終將不是長遠之計，亦非明智之舉。

廣為流傳的《明日歌》這樣寫道：「明日複明日，明日何其多。我生待明日，萬事成蹉跎。」很形象的呈現了逃避、拖延給我們的生活造成的負面影響。很多人不管做什麼事情都喜歡拖拖拉拉，拖延的現象在他們生活中也屢見不鮮。時間久了，就會讓拖延變成一種不良習慣，讓他們產生病態的習慣性拖延心理。

競爭，從腦袋就開始

這個世界到處充斥著沒有硝煙的戰爭，「強者為王」的生存法則迫使大家去費盡心機求勝利。一個真正的勝利者必須懂得，理性的競爭才是硬道理。理性的競爭，就是用大腦去比拼，用智慧去博弈，而不是靠熱情和熱血去死打硬拼。

理性競爭的第一步：與自己競爭。

有一位父親在教兒子下棋時，教導兒子說：「你真正的對手就是你自己，所以你要專注的事便是超越自己。」而另一位父親在教兒子下棋時，只是一味地教兒子阻撓對手的局勢，而不去關注自己的形勢。多年後，前者的兒子有了自己的公司，且公司穩步發展，前景可觀；後者的兒子卻因總想著去算計他人，不知提升自己，依舊只是一個小職員。

這其中的道理很容易理解，處處算計他人必將無法集中精力提升自我，阻撓他人前進半步的代價就是讓自己後退一步。與其這樣，不如在與他人一同進步的同時用自己的實力戰勝對手。

理性競爭的第二步：以良好的心態折服對手。

二〇〇五年五月，中國女孩朱成是哈佛大學研究生學院學生會主席的三位候選人之一。她的競爭對手龍德里格斯為了戰勝她，爆出她的「醜聞」，誣陷她以救助南非孤兒的名義侵吞捐款。在朱成及時出面澄清此事後，另一名對手哈裡又曝光了龍德里格斯在一間超市被員警詢問時的錄影，說他曾經因偷竊被抓。然而在發佈會上，朱成卻走上台幫龍德里格斯澄清，證明他是因為幫助抓小偷而被員警詢問。朱成的做法贏得了龍德里格斯的尊重，在投票前，龍德里格斯宣佈退出並號召大家支持朱成。

朱成在競爭時不記仇，並憑藉寬容的胸懷為自己贏得了競爭對手的尊敬和信賴。相反，以牙還牙、伺機報復的心態會降低你自己的身份，也會讓本來信任你的人懷疑你的真誠。

理性競爭第三步：善於利用環境，但不依賴於環境。

二〇〇一年，中國房地產企業開始呈現迅速發展的態勢，順馳公司就是典型代表。當時，國家貸款條件好，兩年之內付清貸款就可以，第一筆款在半年後付即可，而不像現在拍完地就得馬上付款。於是順馳依靠這個有利的條件，從二〇〇三年開始高價圈地，每到一個地方就拍下一塊地。然後以第一塊地開盤的銷售額付第二塊地的貸款，按照這樣的方式類推下去，當年順馳拿到了價值六百四十億的土地。但是到了二〇〇四年，由於全國性的宏觀調控，銀行突然斷貸，這使得順馳因為現金鏈的斷裂而陷入經營困難的局面。

順馳可以說是將一昧依賴環境的悲劇演繹得淋漓盡致，由政策而始，因政策而終。它讓我們看到，東風可以借助，但不能完全依賴。要想在競爭中取勝，既要學會從環境中汲取能量，也要確保在脫離環境之後依然茁壯成長。

競爭是一種複雜的心理組合。競爭可以充分激起人的好勝心，不甘落後、力爭上游；競爭能讓人時刻保持昂揚的鬥志，全力以赴、奮力拼搏；競爭能激發人的潛能，能讓注意力更集中，反應更敏捷，還能充分發揮人的創造性。

理性地看待競爭，必能讓你收穫良多。勝者為王，敗者為寇的叢林法則是這個世界現實且殘忍的準則。學會理性競爭的人不一定為王，但也絕對不會是永遠的失敗者。總有一天，他會因為自己的理性而受益良多。

在理性競爭的同時，也不要忘記「人不犯我，我不犯人；人若犯我，我必犯人」的處世道理。在職場中，你可以選擇自己的職業，卻無法去選擇一起共事的同事。對於我們來說，同事應該是相互扶持的同伴，還是彼此纏鬥的冤家？本來能得到來之不易的心儀職位是一件異常開心的事情，正當你滿懷熱情準備挽起袖子大幹一番時，卻赫然發現，遇到了令人討厭的同事。此時，你又該怎麼辦？這些都是你無法左右和掌控的。

在工作中，當那些資歷和業績不如你的同事紛紛得到升遷，而你卻總是被安排去做那些沒有人願意幹的工作，付出很多，卻得不到應得的回報。此時，你是否還會繼續默默地盡職盡責地做好自己的工作？你總是謙虛待人，堅守自己的做事原則，卻總被人當成老實可欺。你是否還會一味的忍氣吞聲？你向來熱心助人，和同事打成一片，有一天卻突然發現被平時要好的同事出賣，主管劈頭蓋臉地指責了你。你是否只能默默承擔？

當這些不愉快的事情接二連三地發生在你身上，當你付出再多的努力也換不來相應的回報，當你對人再友好也會被人陷害，當你受了委屈同事卻在那裡幸災樂禍時，你會繼續容忍還是給予反擊？

「如果你是一匹斑馬，必要的時候，還得表現得像一隻獅子。」在職場，競爭與衝突隨處可見，你不能永遠等待別人來保護你，所以，在必要的時候，你一定要勇敢的進行反擊。

不管你遭受了同事的陷害還是受到謾罵，或者遭遇難堪，都不要丟掉你的理性，要理智地去進行反擊。只要一直保持冷靜的頭腦，不急不躁不失態，找準對方的薄弱環節，選準突破口，一擊致命，就能使自己轉危為安。這就是理性的力量，智慧的價值。

突破你的慣性思維

成功的道路有很多條，但是適合你的路或許只有一兩條。別人走過的路，不一定適合你。一條路走到黑，也不一定適合你。曾經讓你取得成績的方法，隨著時間、環境的改變，也可能不再適用，你一定要另闢蹊徑。只有善於結合自己當下的實際情況進行分析總結，才能突破瓶頸，找尋到一條最適合自己的道路。

很多時候，讓你碰壁被束縛的罪魁禍首就是你自己的思維定勢。儘管人們一再強調要突破思維定式，但這的確不是一件容易做到的事情。

究竟什麼是定勢思維呢？一起來看下面這個事例吧：

一個教授給他的學生出了這樣一道題：「一個聾啞人到五金商店買釘子，他先用左手拇指和食指比畫了持釘的動作，並將左手放在了櫃檯上，然後用右手比畫出用錘子敲打的動作。售貨員看後先遞過來一把錘子，聾啞人搖了搖頭，指了指自己的左手，售貨員接著將釘子拿給他。此時，又進來一位顧客，他是個盲人。同學們，你們想一下，盲人該如何用最簡單的方法買到一把剪刀？」教授話音剛落，就有個學生最先舉手回答道：「很簡單，只要伸出兩個手指，模仿剪刀剪東西的模樣就可以了。」聽了他的答案，全班同學紛紛表示認同。這個時候，教授緩緩開口道：「盲人只需直接對售貨員說就好了啊。記住，千萬不要進入定勢思維的死角，它會阻礙你的邏輯思考。」

這位回答問題的同學就進入了思維定勢的死角。他看到聾啞人是通過比畫的方式買到了釘子，到盲人買剪刀的時候，他本能地想到，盲人會以什麼樣的方式去比畫。他忽略了最重要的資訊，聾啞人無法說話，要讓人明白自己的想法只能通過比畫。而盲人只是看不見，卻會說話，他只要說出自己的想法就好，為什麼非要去比畫呢？這就是思維習慣起到了負面的作用。

當習以為常、耳熟能詳、理所當然的事物充斥著我們的生活，我們就會逐漸失去對事物的好奇心和應有的熱情。此時經驗通常就成了你判斷事物的唯一標準。隨著知識的逐漸積累，經驗的日益豐富，你會變得越來越循規蹈矩，越來越不懂得變通。你的創造力將會喪失，想像力將會受限。思維定勢，已成為你超越自我的一大障礙。我們必須打破思維定勢，另闢蹊徑。

一個星期六的早上，一個牧師正在準備第二天的佈道內容。偏偏小兒子在旁邊吵鬧不休，令他煩惱不已。於是他隨手從一本雜誌上撕下一頁帶有世界地圖的紙，並將它撕成碎片，讓兒子去拼。牧師以為這件事情會花費兒子一上午的時間，沒想到不到十分鐘，兒子就將圖拼好了。

原來，在這張世界地圖的背面是一個人的照片。雖然兒子對世界地圖並不熟悉，但是如果按照照片去拼，就很容易了。如果把那個人拼正確了，那麼這個世界地圖也是正確的。牧師的兒子在拼圖的時候打破了思維的定式，發現了一條捷徑，從而節省了時間。

這又讓我想起了另一個故事：

有一個賣葡萄的美國老太太，她讓買葡萄的人自己進園子裡採摘，摘完後只需將錢放進一個盒子裡。她打破常規，採用這種能給人充分選擇自由的方法起到了很好的效果，因而她的葡萄賣得最多。

很多時候，我們只要換一種方式去看待問題，一切都能迎刃而解。

有兩個推銷人員到同一個島嶼上去推銷鞋。一個推銷員一到島上，就立刻氣餒了。他發現這個島上的人向來都是赤腳的。他們都沒有穿鞋的習慣，又怎麼向他們推銷鞋呢，這根本是行不通的事情啊。他馬上選擇離開，並給同事打電話，告知鞋子不要運來了，這個島上沒有任何銷路。第一個推銷員就這樣垂頭喪氣地走了。接著是第二個推銷員，他一來到島上，高興得幾乎昏過去了，他驚呼島上有很大的鞋子銷售市場。每一個人都沒穿鞋，如果每人買一雙鞋，那可不得了啊。他馬上打電話，讓同事儘快將鞋子空運過來。面對同樣的狀況，不同的思維模式得出的結論是不同的。

這種打破常規的思維方式，不僅能使原本複雜的問題變得簡單，也能讓我們重新認識世界，走向成功。只要轉變傳統的觀念和定勢的思維，就能讓你的人生發生改變。

要想成功地做到另闢蹊徑，就要勇於突破自己的思維定勢，找到新的思路。要怎樣做才能突破思維定勢呢？

◎要想打破常規，就要標新立異。

標新立異者常常能夠突破人們的思維常規，善於出奇制勝。標新立異可以

減少你碰壁的次數，因為時常變通，往往會在碰壁之前就繞過了這堵牆。

◎願意讓自己有一個好的改變。

每個人現在的生活和所處的境況，都是自己過去的想法和做法所帶來的結果。所以，如果想讓未來的生活有所改變，就必須從現在開始改變自己的想法和做法。一昧地堅持錯誤的觀念，或者固執的不願做出改變，即使再努力，也很難擁抱成功。除了想法和做法的改變，適時調整前行的方向也非常重要，如果你與成功的方向背道而馳，你越努力，就會輸的越慘。

◎當路走不通時，懂得繞行。

當清楚前方的路行不通時，就要學會變通，學會改變自己的路線。如果堅持硬著頭皮往前走，執著于那些根本不可能完成的事情，通常情況下你一定會頭破血流。

事實上，在每個人的職業生涯中，都會出現「此路不通，請繞行」的情況。此時，不會再有醒目的提示牌來提醒你，有的人意識到了危機選擇轉身或者另闢蹊徑，有的人因為沒意識到而碰壁，更有一些人即便意識到了也抱著僥倖心理繼續向前。

在職場中，「此路不通，請繞行」的存在，是在提醒你應該適時調整努力的方向，你必須警惕隨時發生的各種可能，做好迎接各種狀況的準備。切莫在無法實現的事情上浪費過多的精力。

在通往成功的路途中，只有學會見機行事，懂得轉變思路，打破思維定勢，及時調整策略，才能戰勝艱難險阻，快速抵達成功的終點。

用新的角度看待問題

當遇到問題時，通常只需改變一下思路，就能讓問題迎刃而解，讓人生出現另一種景象。可是現實中，大多數人都不懂得適時變通，在做人做事時往往太過於一根筋。

有一位哲人說：「我們的痛苦不是問題本身帶給我們的，而是由我們對這些問題的看法而產生的。」這句話讓我們看到了思維變通的重要性。事物都是多面性的，並非一成不變。看待事物的角度不同，呈現出來的問題也不一樣，解決方法也有所不同。當面對問題時，用不同的思路去多角度地進行分析，找到不同的解決方式，就能得到不一樣的結果。

當人們遭遇挫折時，往往會鼓勵自己堅持下去。這種堅持不懈的精神是值得肯定的，但是一定要避免讓自己陷入一意孤行、不撞南牆不回頭的誤區。所以，當你的努力遲遲得不到回報時，千萬不要因循守舊，一條道走到黑。要及時轉變思路，敢於放棄。

敢於放棄，敢於改變方向，只是為了更好的解決問題。

有位商人在談到賣豆子時，就顯示出一種了不起的智慧。他說，如果豆子能賣動，就直接賣豆子，但若是豆子滯銷，就有三種辦法去處理：

第一種，將豆子製成豆瓣，去賣豆瓣。如果豆瓣也賣不動，那就再做成豆豉，改賣豆豉。若豆豉還賣不掉，再加水發酵，改賣醬油。

第二種，將豆子做成豆腐，改賣豆腐。若豆腐賣不動，將其放臭，改賣臭豆腐。如果臭豆腐也賣不動，那就讓其腐爛，改賣豆腐乳。

第三種，讓豆子發芽，改賣豆芽。若豆芽也賣不了，就讓它長大一些，改賣豆苗；若豆苗還賣不動，就讓它再長大些，改賣盆栽。若還賣不掉，那就種到地裡，等著收新豆子，然後再拿去賣。

我們不難發現，換個思路，換個角度，變通一下，就能找到新的方向和市場。對我們來說，思維定勢會使我們忽略掉固定模式之外的事物和創意。而思維定勢很難避免，你只能不斷地拓展思維空間，去逐步改善。

世間萬物每時每刻都在發生變化，要學會在變化中適應和成長。面對外部世界的紛繁多變，要想順利實現自己的目標，就要以變化的眼光去檢視自己當下的處境，並不斷調整自己的策略，與時俱進地改變實現目標的方式。當然，改變外界環境是困難的，所以不妨從改變自己開始——為生命的每一天創造更多的成功機會，製造更多的驚喜。

你今天的想法、創意和努力，將幫助你預知和把握未來的方向。只要敢於衝破思想的藩籬，一切皆有可能。狠角色的做事經驗是在把想法運用到實踐的過程中追求完美和極致，就算再小的細節都要做到最好。

工作中看似微不足道的事情比比皆是，然而細節決定成敗。許多艱巨的工作，都是由無數的細節組成的，要想把每項工作都做到無懈可擊，就必須從細節做起，付出你全部的熱情和努力。

一個人如果對這些小事輕視怠慢，敷衍了事，最終一定會全盤皆輸。一個人，若沒有將細節做好的態度和能力，那就無法勝任一項具體的工作。好高騖遠、眼高手低，只會成為「無本之木，無源之水」，終究無法成大器。一個狠角色，會把工作中的每一個細節都做到完美。職場中每一個積累的細節，都是日後事業穩步上升的基礎。

想做大事的人太多，而想把小事做好的人太少。一個不願意做小事的人，是不可能成功的。要想比別人更優秀，就要學會從大處入手，小處著手，在每一件小事上下功夫。

大多數人眼中的那些再小不過的事情，往往恰好就蘊含著巨大的影響力，甚至決定了你人生的成敗。而那些狠角色都非常清楚這個道理，他們從來不輕視日常生活中的各種小事情。即使是那些別人不屑一顧，不願觸碰的事情，他們也都滿腔熱情地去做。

在職場中心甘情願去做別人不願意做的小事，重視別人不重視的細節的人，往往最後都會取得成功。因為他們有著想將某件事情做好的堅定決心，是不會受事情本身的大小、難易程度，以及時間和空間約束的。

真正能成就一番事業的人，都敢於跳出世俗的束縛並且勇於超越自我。那種在工作中挑三揀四、怨天尤人的人，一旦遇到一份棘手的工作，就會黯然退縮，就算將重要的工作放到他們手中，他們也根本不具備完成的能力和水準。真正有能力的人，他們不會嫌東嫌西，只專注於將手中的每一項工作都做到最好，再難的工作都能做到得心應手。

他們就是真正的狠人，不會因小失大，不會因少失多。他們奮力抓住每一次微小的機會，去讓自己得到歷練，去為未來的成功積澱經驗，因為他們知道沒有人可以一步登天。只要認真對待工作中的每一個細節，用心做好每一件事情，你就會發現自己的職場之路越來越寬，成功的機遇也會接踵而來。

不同的人對成就的設想也不同，但成就對他們的重要性是相近的，都是那些對自己來說有著非凡意義的事情，就算在別人眼中是很普通、很平凡、很渺小的，但是在他們心中卻是最特殊、最高尚、最偉大的。

聰明的狼，會讓自己被狼王看見！

在現在社會，「酒香不怕巷子深」的美好願望也早已破滅。行銷運作的重要性日漸突顯，絲毫不亞於產品本身的品質。就算是再香的酒，如若不吆喝叫賣，也無法引來好酒之人。

我們都如這「深巷裡的酒」，在職場這個深巷中靜候別人的賞識。同樣身處深巷，有太多人平淡無奇被人忽略，而總有一些人能很快的脫穎而出奪目閃耀。一方面是因為他們自身的能力夠強，另外一方面是他們懂得「自我推銷」。

要想得到別人的關注和賞識，你就要先將自己的優勢和能力展現出來。再慧眼識才的伯樂，也要先看到馬兒所表現出來的一些特質，才能認定它就是千里馬。

在競爭激勵的職場，每個人都有被別人取代的可能，那些不愛表現自己，不善於包裝自己，不能將自己的優點和長處充分展示出來的人，就只能默默無聞或者被取代。

很多時候，要想快速發展，與其等待被伯樂發現，倒不如自己主動去找到伯樂，毛遂自薦。一個人若想成功，就必須善於展示、推銷自己。

王琳在大學時是學校的金牌主持人，畢業後，來到一家大型的公司做行政管理工作。因為剛進公司，王琳行事低調，從來不跟別人談論自己在學校的輝煌。轉眼間，到了公司一年一度的年會主持人選拔賽，很多同事都踴躍報名參加，忙得不亦樂乎。在學校時，王琳因為名氣在外，只要有活動她都是主持人的不二人選，不需要再刻意地去表現什麼。對於這次的主持人選拔，王琳也理所當然地認為上司會主動找她參加，所以，她根本沒將這件事情放在心上，甚至都沒有報名。

直到選拔賽那天，始終沒有等到通知的王琳才意識到，公司裡，根本沒人知道她的主持功力。就這樣，她錯過了一個讓全公司同事認識自己的機會。年會那天晚上，她坐在台下，看著本該屬於自己的舞臺，再看看那個主持人的生澀表現，不禁為自己惋惜，懊悔不已。

在還沒有引起別人關注時，你必須先給自己一個走進別人視線的機會，不要吝于向他們展示你的才華。只有這樣，你才能獲得與自己才華相等的待遇。

要學會在適當的時機展示自己，特別是進入一個新的環境時，一定不要藏著掖著，要敢於將自己的優勢展現出來，千萬不要過度低調。既要懂得低調做人的智慧，也要善於在不張揚的前提下亮出自己的王牌。不要將自己的優勢遮掩起來，要知道，上司永遠都不會只將目光停留在你的身上。當有機會證明自己比別人強時，要勇敢地用實際行動去證明。成功者們都懂得主動行銷自己，不會被動地傻等著別人發現。不要再說沉默是金，金子一旦閒置久了，也會蒙塵，人亦是如此。

勇敢展示自己並非最終目的，最重要的是你的展示能讓你獲益。這才是自我推銷的終極目標。

善於推銷自己也是一項職場必備的才能，當你擁有這種才能時，你才能安身立命、抓住機遇，從而立於不敗之地。那些能夠將自己成功推銷給別人的人，通常也擁有將其他有價值的東西推銷出去的能力。

其實，你每天都在推銷自己——無論你對推銷是否在行。推銷自我對一個成功的人士來說，是一項必須掌握的才能。

下面，我們來看幾個推銷自我的技巧：

◎要學會主動表現自己。

靠別人發現你的才能，終歸是被動的。靠自己主動積極地表現自我，才是硬道理。成功者都善於積極的表現自己的才能、德行，以及處理問題的方式。

要學會適時地表現自己——在適當的場合、適當的時候，用適當的方式向你的上司及同事展示你的業績，是非常有必要的。

◎要有分寸地去表現自我。

人有百種，各有所好。如果你在投其所好的前提下，對方仍然無法接受你的才能，你就應該重新考慮自己的選擇。倘若是你的期望值過高，就應該適時調整，不要過於強求。

◎要有針對性地表現你的才智。

若你想表現你的口才，在跟別人談話時，就要特別注意語言的邏輯性、流暢性和風趣性；若你想要表現你的專業技能，那麼當你跟上司彙報工作時，就要展現出你的專業性；若你想表現自己的忠誠和服從力，除了在交談時熱情、謙虛之外，還要學會附和，並能講出你自己的看法。總之，你要想表現什麼樣的才智，你就應該採取與之相對應的行動。

◎要自然地流露，而不要有做作的表現。

真正善於表現自己的人，都是在不經意之間，將自己的優點自然而然地流露出來的。成功者從不刻意誇耀自己的功績，但是他的功績卻都能被別人所熟知，這就是自我推銷的最高境界。

在推銷自己時，你一定要信心十足，不卑不亢。勇敢地推銷自己，不要害怕做錯事。人難免會犯錯，但只有在不斷的犯錯之後才能得到真正的成長。要將自己最大的優點展示給別人看，用你自己的實力、誠意和技巧去打動對方。

一定要注重自我包裝，要維持一個良好的形象。一個蓬頭垢面的美女永遠都成不了明星，一個不注重外在形象的職場人，永遠無法給別人留下美好的印象。試想一下，一個連自己的形象都維護不好的人，他如何能維護好公司的形象呢？

除了對外在形象的自我包裝之外，還要重視內在的包裝，要不斷提升自我，超越自我。

要想在職場中大顯身手、功成名就，就要不斷提升自我，堅持不懈的追求卓越。只有不斷超越平庸，不安於現狀，你才有可能在職場上永遠處於不敗之地。

每一家公司，都存在這樣的兩種員工。一種在認真完成工作的同時，會有意識地去學習相關知識、培養自己的專業技能，在充實自己業餘生活的同時也提高了自身的素質；而另一種員工在草草完成任務後，就心滿意足。甚至有的員工連基本的工作時間都利用不好，也絕對不會多拿出一分鐘來主動把工作做好。面對工作，他們只是在敷衍了事，混日子，他們追求的是安逸的溫室生活。殊不知，總有一天，他們會被企業和社會淘汰。

我的公司曾經有一名員工，是一名墨西哥女孩。她本來有著很好的發展前途，但在做了幾個讓人擊節喝彩的企劃案後，就滿足於當下獲得的薪資和地位，坐吃山空，連充電的機會都輕易放過。她還經常對同事們說：「沒有必要再學習了呀，人活著幹嗎要那麼累呢？我的夢想就是到好萊塢見一見克魯斯，能拿到他的簽名，我的人生就圓滿了。」

是呀，這樣的人生夢想似乎也不錯，聽起來很動人，何必活的那麼累呢？可是，你有多少老本可吃？又能吃多久呢？她在公司工作了三年之後，就漸漸感覺到了吃力。工作上，同事們的能力和水準都紛紛超過了她；業務上，以前積累的客戶，也因為她逐漸消失的幹勁，不願再跟她合作。

直到此刻，她才終於意識到自己犯了一個多麼大的錯誤。然後瘋狂充電，每週都忙著去上培訓課，希望能迎頭趕上。如果當初她能持續保持上升的勢頭，我想現在的她應該已經是客戶經理，而不僅僅只是一名業務員了。

追求卓越、不斷超越自我，是職場人士必須具備的品質之一。你要想笑傲職場，就不能滿足於一般的工作表現，要做就做最好，要時刻走在同事的前面，要成為老板眼中必不可少的人物。

不想當將軍的士兵不是好士兵，每個人都要有一定的企圖心，只有這樣才會激勵自己不斷超越自我。

為什麼你在可以選擇更好生活的時候，卻總是選擇安於現狀呢？為什麼你可以在職場上勇往直前時，卻總是在原地踏步，徘徊不前呢？這只是因為追求卓越，超越自己的理念沒有根植到你的內心深處。要知道，無論你身處哪個行業，從事什麼工作，「不斷超越自我」永遠是你邁向成功的制勝法寶。

有什麼樣的人生目標，就會有什麼樣的人生高度；有什麼樣的人生追求，就能收穫什麼樣的人生風景。如果你能夠主動進取，能適時地對外在形象和內在自我進行針對性的包裝和打造，不斷超越自我，超越平庸。你就一定能夠取得事業上的成功，也一定能擁有精彩的人生。

最簡單的往往是最有效的

在工作中，一定要突出自己的優勢，凸顯自身的價值，努力成為每個人都離不開的特需型人才。人們身上最有效的價值，其實就是最簡單，也是最顯而易見的部分。我們要從自身的優點中，充分的發掘最簡單卻行之有效的價值，並迅速地將它加以包裝和利用。

很多時候，那些最簡單的東西往往更直接，更簡明，更具有說服力。

「踢開你的經紀人」。這是美國最大的證券網站etrade曾推出的一次驚世駭俗的品牌推廣活動的宣傳語。這句直白且實在的承諾，深深地擊中了交易者的內心。一經推出便引起了巨大的共鳴，從而名利雙收。無獨有偶，美國一家名叫Drugstore的網上雜貨店為了向消費者傳達「迅捷」的資訊，曾推出這樣一則很有意思的廣告。廣告中，身穿白色制服的「服務小隊」成員為了給顧客及時遞送日常用品，像聖誕老人一樣從壁爐中鑽出，有的像《碟中諜》中的特工一樣從天而降。此類廣告不僅承諾到位，而且精彩有趣，收到了空前的效果。

這就是簡單思維帶來的最有力的效果。簡單思維，是指以「簡單」為核心、有著特殊思維功效的特殊的思維方式，它能夠證明人們提高思維效率，進而高效地去處理各種問題。

上帝對每一個人都是公平的，世上沒有十全十美的人。每個人的身上都有其獨特的地方，假若你能充分瞭解並認識到自己比別人優秀的地方，並把這些優勢發揮到極致，那你將是獨一無二，不可替代的。通常這些看似簡單的優勢卻最有效。

成功心理學家發現，每個人都有天生的優勢。一個人所擁有優勢的數量和類型並不重要，重要的是，你要知道自己的優勢在哪裡，並將這個優勢加以發揮利用。將你自己的生活、工作和事業發展都建立在這個優勢之上，就能開闢出一條屬於自己的道路，並一步步走向成功。

很多人都不明白自己身上最突出的獨特點是什麼，不知道該怎樣做才能成為別人無可替代的一分子，所以經常會感到迷茫。

除了先天性的天賦之外，那些經過後天的努力而形成的優勢，也會極大程度地促成你的成功。

◎把簡單的招數練到極致就是絕招。

生活中，做一件簡單的事情並不難，難的是把每一件簡單的事情都能做得非常出色。古往今來，能夠將簡單的事情做到極致，就是一個人最大的絕招。

張琴畢業後在一家公司做了一名普通的客服人員，每天的工作就是通過電話解答客戶的問題。她的很多同事認為工作沒有挑戰性，在短時間的接觸後就選擇離開，但是，張琴卻一直堅持下來。她每天都會詳細記錄客戶回饋的問題，接聽電話時總是面帶微笑，溫和貼心。慢慢的，不管多麼難纏的客戶，到了張琴這裡總會輕易得到解決。

後來，張琴的出色表現傳到了老總的耳朵裡，她馬上被晉升為總經理助理。因為張琴在處理客戶問題時，解決問題的能力和與人溝通的能力都得到了很好的提升，所以她很快就適應了新的職位，並在這個位置上遊刃有餘，成了老總的得力助手。

永遠不要怕工作重複、簡單，越是這樣的工作，你只要能堅持下來，就能讓你的能力在不斷地重複、不斷地完善過程中得到質的飛躍。不管以後環境如何變遷，這都將是你的絕招。

◎優勢並不是虛無縹緲的。

每個人都可能會有對自己不滿意的地方，有些人覺得自己不夠漂亮，有些人對自己的身材不滿意，有些人覺得自己不夠聰明……總之，每個人都會對自己的外在有著這樣那樣的遺憾。不要因為自身的缺憾，就對自身的優勢視而不見，沉浸在悲痛、自卑之中。其實，一個人可以用自己的優勢去彌補自身的不足。要知道，優勢不是一個空殼，也不是膚淺地存在於你的外在，而是深刻地根植於你的生命，是你內在技能的一種彰顯，也是讓你邁向成功的基礎。

不要忽視或者吝嗇自己擁有的優勢，要敢於借助自己的優勢為公司立下汗馬功勞，努力憑藉自己的優勢，讓自己成為職場茫茫人海中不可或缺的那一個。

◎沒有絕對的優勢，也沒有絕對的劣勢。

有的時候，人的劣勢未必就是絕對的劣勢，只要你肯為之付出努力，就一定可以將其轉化成優勢。

「金無足赤，人無完人」每個人都有自己的缺陷。面對缺陷，應該學會坦然。要敢於挑戰自我，將你的缺陷轉化成你的優勢，讓它成為你與眾不同的特點。

5 CHAPTER

狩獵獅子時要尋求合作：**不是一切都靠自己**

如何成為萬眾矚目的焦點，每個女人的答案都不一樣。愚昧的女人靠作怪發嗲，蠢笨的女人靠化妝擠溝，聰明的女人靠修養氣質。正如花朵吸引蜂蝶的秘密武器不是因為形狀的怪異和顏色的靚麗，而是因為其獨有的香氣。那些怪異的形狀在實驗室的標本架上，靚麗的顏色在折花人的頭髮絲間。

狼群也需要交際應酬

成功需要七分努力，三分機遇。我們常說，「愛拼才會贏」，但在現實中，你拼了也不一定能贏，很多人付出的努力和最終得到的結局並不成正比。這其中一個很重要的原因，就是在關鍵時刻，他們總是缺少別人的幫助，尤其是貴人的出手相助。

在攀登事業高峰的過程中，經營好人際關係，是一個不可或缺的環節。在你擁有雄厚實力的同時，能及時得到他人相助，左右逢源，就能更快地邁向成功。對於一個普通人來說，如果沒有別人的幫助，孤立無援，會很容易一敗塗地。而對於那些一心想成就大事業的人來說，則更需要幫助。所以，成功人士更懂得人際交往的重要性，更注重運用人脈的力量。他們會時刻注意積累自己的人脈，不會錯過任何一次社交機會。對他們來說，社交機會，不單純指朋友介紹或者聚會吃飯，它還存在於生活的每一個角落。

◎感情投資：掏今天的小錢，買明天的大單。

當周圍的人遇到困難時，如果你有能力，最好伸把手，幫他走出困境；當他失去信心時，鼓勵他揚起自信的風帆；當他苦惱時，用真誠去滋潤他的心田；當他取得成績時，提醒他不要驕傲，激勵他取得更好的成績。

即便你幫助的這個人，目前對你毫無用處，也不要去計較付出與回報，這樣的感情投資是在為未來鋪路。俗話說，「三十年河東，三十年河西」，誰也不知道明天會怎樣。今天的乞丐、落魄漢，也許到了明天就能搖身變成一個成功的商人，到那時你或許就需要他的幫忙。

每個人都有需要別人幫忙的時候，但在這之前你最好先尋找機會滿足別人的需求。只索取不付出的感情不會長久，不願意出手相助的人，肯定難以交到真正知心的朋友。

如果把職場比喻成一片汪洋，作為在大海中的游泳者，你除了專心致志練好你自己的游泳技術之外，也可以在適當的時候拉其他同遊者一把。不要一味地要求別人做你的「貴人」，你也要具備給別人做「貴人」的潛質和意識。

◎敵人也能變成朋友：和對手發展關係，未來變數無窮。

很多人無法正視和對手的關係，總覺得對手就是敵人，有不共戴天之仇，只有他敗了，我才能實現利益的最大化。其實，這種觀點過於偏激，對手和朋友其實只有一線之隔。能跟你成為對手的人，他的思維方式、價值觀在某些方面與你在相近的水平線上，他既然能給你造成壓力，就證明他有足夠的價值和能力與你抗衡，他有值得你去學習的地方。既然他對你來說是一個強者，為什麼非要與他拼死力鬥呢？彼此做朋友、當盟友，互相學習，共同進步，豈不更好？就算只有一線握手言和的機會，也要去爭取。多一個強大的朋友，總比多一個強大的敵人好得多。

要正確看待和對手之間的競爭，不要一昧地去排斥和打壓，相反，你要以友好的態度去對待他，尤其是在他需要幫助的時候，扶他一把。這就很容易打開彼此的心扉，建起友誼的橋樑。如果將對手之間的競爭關係轉化成合作關係，往往會更容易成功。

◎人脈投資一定會有回報：晴天留人情，雨天好借傘。

在人際交往過程中獲得的各種資訊和廣博的人脈關係，可以為你提供一手的資訊，幫助你的事業更上一層樓。可以說，人脈是一張無限延展的關係網，是一種可以再生的資源，會給你帶來無限可能，但是前期需要我們苦心經營。

把握、利用好人脈可以為你創造機遇，幫助你走向成功。不善於經營人脈的人，因為無法有效地把握人脈帶給你的機遇，常常會與機會失之交臂。

◎做買賣總是離不開「牽線人」。

同學聚會、同事聚會、網友聚會，俱樂部、遊樂場所……各式的人際關係正通過五花八門的圈子影響著各行各業。所以我們才會發現，凡是精通人脈的人，他們總是能在這些場合捕獲到新的人際關係，為自己織起新的關係線。

每個人的一生都會結交一些朋友，他們散佈於各行各業，說不定哪天就會成為那個可以幫助你的人。每個人的成功，都離不開一些牽線人，孤身行走江湖已無法生存，不管你的能力有多強，你都難免會用到別人，因此，你需要為自己建立一個良好的關係網。要學會經營自己的人際關係，這對我們的做人處事，都大有益處！

一個善於利用資源的人，他會充分把握每一次與人交往的機會，並且不斷地擴大自己的關係網，最終將這些資源為自己所用。

讓自己成為狼群的「中心」

在人際交往中，除了要處理好與他人的關係，也要凸顯出自己的優勢。每個人都有屬於自己的優勢，在與別人的競爭中，我們要充分地將這個資本挖掘出來，形成戰鬥力。只有這樣，才能在人際交往中，讓自己找到成為中心人物的感覺，成為眾人關注的焦點。否則，自甘平庸，就只能生活在別人的光環之下。

有這樣一則簡單而又深刻的童話：森林裡開辦了一所學校，學校裡的學生有小兔子、小鴨、小鳥、小雞和小山羊。學校開設的課程分別為跑步、游泳、唱歌、跳舞和爬山。到跑步課時，只有小兔子興奮地圍著體育場跑了好幾個來回，而其他小動物，紛紛噘著嘴耷拉著腦袋……到游泳課時，這回又是小鴨的表演秀，他興奮地在水裡游來游去，完全不顧其他同學的感受。接下來，唱歌、跳舞、爬山……每一節課，總有歡呼雀躍的小動物，也總有無可奈何的小動物。

這個童話告訴我們，要想獲得成功，兔子就應跑步，鴨子就該游泳，小鳥就該唱歌，小雞就該跳舞，山羊就該爬山。唯有發揮自身的優勢，施展自己的特長，方能精彩出眾，否則就會碌碌無為，英雄無用武之地。

舞王麥可·傑克森、表演大師卓別林、蘋果教父賈伯斯……這些精英人物之所以能出類拔萃，是因為他們找到了自身的優勢，並且最大限度地將優勢發揮了出來。在個人成長的過程中，要充分挖掘出自己的長處，找到自身的潛能，打造出自身最大的魅力和優勢。只有這樣，你才能成為別人眼中不凡的存在，你才能成為真正的成功者。

成功者之所以成功，就是因為他們非常清楚地看到了自己的優勢，並將優勢發揮到了極致，最終獲得了眾星捧月的成就感。普通人之所以普通，就是因為他們未能認清自己的優勢在哪裡，不曾找到核心競爭力，一輩子都過得稀裡糊塗，沒頭沒腦，到死也沒弄清自己這一畝三分地究竟適合種什麼。

所以，我們若要成功，就要知道自己的優勢是什麼，然後在此基礎之上伸展自己的生活、工作和事業，才能取得卓越的成效。

那麼究竟怎樣才能找到自己的優勢呢?有兩個最基本、最有效的方法:

第一個方法，向你身邊熟識的朋友諮詢他們的意見。俗話說「旁觀者清，當局者迷」去看他們對你優缺點的認識是什麼。如果大家都不約而同地指出你某一方面的優點，那麼它很有可能就是你真正的優勢所在。

第二個方法，在自我嘗試的過程中探索。在不同的領域進行不斷地嘗試，通過嘗試，你就比較容易看清自己做什麼比較吃力，做什麼會得心應手，這樣你就能發現自己的優勢了。

如果勉強做不適合自己的事情，必須付出比別人多得多的艱辛，才有可能到達一個不錯的高度。雖然最終也可能會取得成功，但是卻付出了巨大的代價。

每個人都會受到心理暗示的影響，如果不是做自己真心喜歡的工作，或多或少都會產生一定的心理抵觸。這樣一來，你無法享受到工作的樂趣，同時，也浪費了大量的時間和精力。久而久之，你就會被壓力和疲憊侵襲，你的自信喪失，情緒失落，成就不高，工作不順利，人際關係受影響。不但如此，身體健康也可能會出問題。

其實，每個人都擁有比別人更勝一籌的優勢。在這個星球上，每個人都是獨一無二的存在，只是很多人沒有把自己的優勢挖掘出來。一旦你知道了自己的制勝優勢並能加以利用和拓展，那麼你也一定能夠締造屬於自己的世界和王國。

「天生我才必有用！」這句話永遠有效。運用你的優勢做你最擅長的工作，再加上堅定的信念和不懈的努力，你就一定可以成功地開拓你的事業。只要你堅信你是有優勢的，並且清楚優勢在哪些方面，那麼你就有足夠的理由成為眾人中的中心。

尋找成為中心的感覺，並不是要在別人面前露出頤指氣使的優越感，也不是讓你追求唯我獨尊的絕對中心主義。而是當你處於某種特定的空間和環境時，要從心理上給自己一個「我很重要」的暗示，同時展現出強大的氣場。

當你感覺自己慢慢變得重要時，你會發現，你也因此擁有了更多的自信。

◎在工作中，如何成為中心？

當你被公司需要時，公司就會重視你存在的價值；當同事只有在你的協助下才能完成一些重要的工作時，他們就會開始尊重你。

◎在朋友中，如何成為中心？

一個人能真正打動朋友的最大秘訣就在於，他既是朋友最棒的聽眾，也是能於危難中拯救朋友的天使。當你成為朋友們離不開的人時，你就是朋友圈中最閃亮的那顆星星，就會成為大家平時最惦記的人。

◎在家庭中，如何成為中心？

當你懂得與家人交流的技巧，並對他們付出內心的真誠、高尚的責任感時，你就會擁有一個幸福和睦的家庭，你也會成為他們最核心的依賴。

對於一個總能站到中心位置的「焦點」來說，不管你在什麼場合，只要你一出現，就能立刻吸引別人的目光。你身上會擁有無比強大的氣場，能讓別人馬上被你俘獲，並且願意聽你說話，樂意與你進行深入人心的交談。

那麼該如何讓自己受人歡迎呢？

◎學會推銷自己。

成功地將自己推銷出去，是你在人際關係中得以站穩腳跟的基礎，也是你的氣場得到證明的前提，所以，你一定要主動打開心門，保持自我推銷的意識和勇氣。

◎說出「我對你很重要」。

如果沒有勇氣，就算擁有何等偉大的雄心壯志，也沒有實現的可能。在實現「我是中心」之前，你應該先想辦法證明「我對你很重要」，讓別人先看到你的價值。口說無憑，必須要有實際的表現。如果你能夠做到，那麼相信你已經開始吸引別人主動向你靠攏了。

◎走出去，融入主流社會。

無法融入主流社會的心理障礙，就在於對自己沒有自信，這也是很多人無法找到成為主角「中心」感覺的緣由！利用一切機會，與更多的人接觸，是培養你內在氣場最好的辦法。

一個人要有成為社交中的主角的勇氣和野心，並享受由此給你帶來的一切榮耀。但是切記，主角並不一定就是出頭鳥，出頭鳥有時會成為主角，但是有時也會是丑角。一個真正的主角擁有的氣場，是由內而外散發出來的，而不是靠譁眾取寵得來的。

狼王會適時展示威信

強者身上散發出來的氣場，是可以給周圍的人或事帶來積極影響力的。這種積極的影響力會讓你的魅力大增，給你的人生帶來幸福和成功，能讓你在任何時候都如魚得水。當你具備這種積極向上的影響力時，就會讓身邊的人在不知不覺中被你吸引，受你影響。那麼，怎樣才能將你的影響力充分地展現出來呢？

第一，走路與站立的姿勢，能很好地反映出你的狀態。

站姿和走姿，都充分顯示了你當前的心理狀態。當你走向會議室，或者出席重要的場合時，你需昂首挺胸、鏗鏘有力，切忌拖泥帶水。得體的走姿和站姿，能讓別人感受到你強大的氣場，會潛移默化地給他們留下一個深刻的好印象。

第二，彬彬有禮的說話方式以及和藹的笑容，能增加親和力和吸引力。

說話聲音的大小和力度都有著特別重要的意義。如果你不是在跟別人講悄悄話，就請充滿自信大聲地闡述自己的觀點，向別人清楚地傳達你的真實想法。

那些說話輕聲細語，聲音小到連自己都聽不清楚的人，常常不會被別人重視。他們性格怯懦，缺乏自信，很難取得別人的信任。

當你和親近的人相處時，如果你十分開心，可以張嘴大笑，肆無忌憚地與大家一起分享你的快樂。但是，在特定的場合，一定要有所收斂，學會以微笑示人。你的笑容要因場合的不同而做出改變。在重要的人際場合，你的笑容需要具有感染力，既能表現你的真誠，又能打動別人；而有的時候，只需象徵性的微笑即可。懂得根據場合的不同，使用適合的表情，是非常重要的處事智慧。如果你能熟練掌握，就可以極大地提升你的氣場，增強你的影響力。

第三，你的行為舉止，要充滿自信。

一個人的舉止，可以充分地反映出他是否充滿了自信。當你將走路速度加快百分之二十五，然後抬頭挺胸，做一個深呼吸時，你就會明顯地感覺到自己的自信心莫名地增長了。就算遇到困難，也能在面對時多一份樂觀。這種由內而外的自信和樂觀和積極，自然能引起別人的注意。

當你擁有了某種獨特的影響力，你就可以為自己贏得更多的關注，還能更好地促進與別人的關係，進而佔據人脈交際的先發優勢。

狼在交際中絕對不會忽略的細節

「小小的一滴水也能折射出太陽的光輝，一個人的細微之處，也能反映出他的為人。」在人際交往中，那些看似細微之處其實並不細微，反而極為重要，可能會左右一個人的成功。所以，真正的狠角色一定是注重細節的王者。

很多人因為沒有注意那些看起來似乎無關緊要的細節，而錯失了自己應有的機會。如果你能注意並且處理好那些細節，那你就能離成功更近一步。

在與人交往時要注意細節，須從下列四個不容忽視的方面做起：

第一，「尊重」別人的名片。

名片是名片主人的「自我延伸」，代表著它的主人。對於名片的不尊重，就等同于對名片主人的不尊重。如果你希望能和客戶合作成功，就一定先學會尊重客戶，尊重他給你的名片。

有一個推銷員在給客戶推銷設備，待交易基本敲定，結束交談後，推銷員起身告辭。在他收拾資料時，不小心把客戶的名片掉在了地上，並且無意間踩了一腳，等到發現時，他並沒有道歉，只是將撿起的名片裝進包裡後離開。待這個推銷員走後，客戶一想到他那樣對待自己的名片就非常生氣，並且越想越惱怒，於是就取消了原本談好的採購計畫。

人們最關心的事情莫過於那些跟自己息息相關的事，哪怕在別人眼中是一件極微不足道的事，也希望能得到別人的重視。所以，不要因為對一些細節的處理不當，給客戶造成一種不被尊重的感覺，進而影響你們之間的合作。最終，倒楣的還是你自己。

第二，養成守時的習慣。

不管在工作上，還是生活中，守時都非常重要。如果你錯過了與他人約定好的時間，那麼你還可能錯過別人的信任。但是，如果你連與自己約定的時間都錯過了，那麼你不僅僅會失去時間，甚至還會錯過人生重要的機遇。

恪守時間是工作的靈魂所在，它體現了你誠實守信的品格。所以，永遠都不要輕視我們自己和他人的時間！

第三，要有良好的禮節。

要想贏得別人的信賴，良好的行為舉止顯得特別重要。它是讓大家認識你的途徑。沒有哪一個上司願意提拔一個不懂禮貌的員工，沒有哪個客戶願意和一個不懂禮節的人合作。

禮節方面的細節有很多，比如不要亂丟果皮紙屑，不要隨地吐痰，要注意讓自己時刻保持乾淨、整潔，不要在無煙區吸煙，要將煙灰彈入煙灰缸，不要在用餐時大聲咀嚼，在雨天進入室內時要注意踏擦鞋底，避免將雨水等帶入室內，等等，這些都是值得我們去注意的細節。

第四，學會修飾自己的「交際細節」。

與別人交談時，你要學會控制自己的表情，用表情傳達自己真實的想法，讓對方感受到你的真誠。比如高興時就露出微笑，傾聽時微微偏頭且注視對方，疑問處可以率直詢問，聽完別人的發言後要做簡要的複述。你就能給人留下頭腦靈活、擅長交際的好印象。對於別人的邀請，你可以當著別人的面拿出筆記本，認真地記下約會時間和地點。不僅能讓別人感受到你對他的尊重，還體現了你是個講究信用的人。

如果事先與別人約定好了時間，可你恰好有事脫不開身，無法及時赴約，一定要提前打電話告知別人原因，重新約定時間。這樣的做法不僅不會讓別人覺得你不守信，反而能給別人留下重承諾的印象。交際的細節數不勝數，如果你能加以巧妙地利用，就可以為你的交際形象錦上添花。

狼王永遠都會保持神秘感

「他總會不斷地給我們驚喜！」這是DOW（陶氏化學）公司兩百多名員工共同的心聲，他們崇拜自己的老闆——那個頭髮早已花白、牙齒都快掉光的二戰老兵——布蘭特利先生。他是怎樣做到這一點的？

布蘭特利是一個奇特的老闆，他在工作中經常會給員工帶來驚喜，比如每月都會有特別的禮物。他在開會時的幽默風趣，使公司會議變成了愉快的暢談。他甚至記得每個人的生日並在當天及時送上祝福和禮物。最重要的是，他不斷突破自己慷慨大方的底線——給手下的分紅越來越高，這讓他贏得了員工的尊重。

有位員工說：「就算我死了，我也要讓兒子和孫子為DOW公司工作。我可以毫不誇張地說，DOW雖然不是這個世界上最有錢的公司，但卻是能讓人感到幸福的公司。」

這就是個人魅力的巨大作用！我們知道，人類社會的進步，科技的發展，很大程度上都源自人們對未知事物的好奇和探究心理的激發。人的神秘感就在於，你身上總是有別人挖掘不完的優點，你總會不斷地給人驚喜，不斷地讓別人看到你出色的一面。

當然，人們不光只有好奇，還有不好的一面——喜新厭舊。通常，太過熟悉你的人，往往不會對你產生崇拜，也漸漸不懂得珍惜你。「熟悉的地方沒有風景」，人們總是會因為太過熟悉而忽視身邊人的魅力。

因此，要想讓別人的目光鎖定你，就要不斷地給他們製造點驚喜。很多剛進職場的新人都急於求成，希望能抓住一切機會，去表現自己，讓人們看到自己的優秀和無窮的魅力。為此，他不遺餘力地四處宣傳自己曾經的光輝事蹟。殊不知這樣的做法常常適得其反，你用力過猛，只會讓你太過完全的暴露在上司和同事面前。在接下來的時間裡，你就很難再讓他們看到驚喜。就算你超額完成了工作，他們也會覺得是理所當然的，但是當你做得不好或者做得不夠時，他們就會以為你是故意在開小差，在偷懶，甚至是對公司有不滿。這樣一來，你可就慘了。

如果你剛進公司，就低調行事，慢慢地去展現你的實力，當你突然有一天超額完成一項工作時，或者多做出一些別人以為你完不成的任務時，就會讓大家對你刮目相看。慢慢的，別人對你的印象就會更有好感，覺得你身上有挖掘不完的優點。上司也會認為你很有培養潛力。

這樣的做法，就為自己增添了幾分神秘感。很多時候，人們就是靠一些別人不可預知的神秘感取勝的。也就是說，一個人如果喪失了神秘感，也就相當於在熟悉的人眼中失去了魅力。

這個道理就像談戀愛一樣，在戀愛初期，雙方互有神秘感，並且渴望更深刻地認識對方，進而兩人的感情濃烈甜蜜，如膠似漆。但是，接觸的時間久了，彼此太過瞭解之後，便逐漸喪失了新鮮感，亦沒有了刺激。很多感情就在此時慢慢冷卻。如果能挺過這段漸冷期，感情就會回復平穩，進入愛情的成熟階段。

有位哲人曾說：「愛情要常新。」就是指雙方之間的情感要不斷地尋求變化，邁向新的高度。心理學家也強調說：「夫妻之間要保持一定的心理距離。」愛情是這樣，職場同樣是這樣。「距離產生美」，適當的距離和神秘感不僅能維繫你頭上的光暈，還能增強你的重要性，微妙地改變並決定著事情的走向。

不要將自己的全部都暴露給對方，要知道，**你若一開始就暴露了你全部的優點，那麼接下來的日子裡，你能暴露的就只有缺點。**

因此，在向別人展示自己的時候，一定要有所選擇，不能和盤托出。

分享獵物才能帶來友誼

你很希望得到所有想要的一切嗎？你總是希望一切都盡善盡美無懈可擊嗎？我曾經就有過這樣的夢想。那時，我凡事都追求完美，不想忽略任何一樣東西，可最終的結果證明，這樣的想法很不切合實際。人的一生極為短暫，精力卻很有限，偏偏世界上又有那麼多炫目的東西，你不可能把方方面面都顧及到，魚和熊掌無法兼得。所以，放棄和選擇就變得異常重要。

現實中，人們痛心於捨棄，是因為擔心將不再擁有。生怕自己會後悔，生怕自己的選擇不夠明智，因此，總會忐忑不安，難以抉擇，更不敢輕易放棄。實際上，對有些事情來說，放棄恰恰是最好的開始。有選擇的放棄，可以更好地開啟新的人生篇章。

要知道，放棄也是為了更進一步的得到，只要能得到你想要的，放棄一些對你而言不是那麼重要的東西，又何嘗不可呢？貪婪，是需要克服的人性弱點。什麼東西都不願意放棄的人，往往到最後什麼都得不到。這樣的人，看上去挺狠，實際上挺笨。那些懂得放棄的人，反而可以看到人生的另一番美妙風景。

在四十歲那年，歐文從人事經理被提拔為總經理。三年後，他自動地捨棄了總經理的位置，改任並沒有實權的顧問。在人生最巔峰的階段，歐文卻從激流中奮勇跳出。他說自己不是退休，而是轉進。

「總經理」一職對於大多數人而言，代表著巨大的財富和較高的地位，它是身份和事業的象徵。然而，三年的總經理工作，讓歐文感觸最多的卻是諸多的「無可奈何」與「不得而為」。在別人眼中光鮮的生活，其實他過得並不開心。於是，他決定辭職，捨棄這個讓自己迷失自我的職務。

辭職後，歐文自己的時間多了起來，他把大量的時間和精力用來寫作，記錄自己多年來在工作中總結出來的經驗心得。

實際上，歐文在寫作上頗有天分。多年的職場經驗也給他提供了大量素材，讓他寫起東西來遊刃有餘。現在，歐文已經是一家知名雜誌的專欄作家。期間，他還完成了兩本管理學方面的著作。

你看，正是歐文的選擇和放棄，給他迎來了第二次輝煌的人生和更多的快樂！

我們總是會片面地以為，只要放棄，就意味著要失去些什麼，而且以後還會失去很多，於是就對放棄產生了強烈的抵觸。一門心思地只想得到，並且越多越好，哪怕懷裡抱不動了，兜裡揣不下了，也要拼命地去撈。事實上，放棄並不等同於失去，放棄了那些不適合自己的東西，那麼你收穫的可能不僅僅是另一個適合自己的東西，還有一些新的機會和驚喜。

有些東西，你抓在手裡，也不一定能真正擁有它；有些東西，就算你放棄了，也不見得真正失去了它。當你遇到人生的轉角時，只有放棄舊的東西，才可能將更多新的東西填充進來。一個聰明的人，他就能對生活產生更多的憧憬和期待，也更願意去嘗試新鮮的事物。或許，在真正的放手之後，你可能會發現其實事情根本沒有你想像的那麼糟糕，你反而會長舒一口氣，感到前所未有的輕鬆。

所以，放棄是一種智慧，也是一種大度的胸襟。它不盲目，也不淺薄。它是一種寬容和豁達，是對自我心靈的一種潤澤，為你卸下內心的包袱，驅走陰霾的情緒，讓你看到更加陽光的燦爛生活。

人生就像牌局，總是要面臨很多的選擇和取捨。放棄那些無用的牌，並不意味著失去，而是為了使整體局勢更有利於發展。

見人說人話，見狼說狼語

為了有效地迎合別人的心理，贏得別人的好感，遇到不同的人就要說不同的話。只有先贏得了對方心理上的認可，你才有獲得最想要的東西的可能。換句話說，你首先要讓人喜歡上聽你說話，才會有機會將想說的都講出來，而不是還沒說完三句話，就立馬被對方打斷，甚至被趕出門。

要想讓別人喜歡聽你說話，就要先來研究對方的心理、個性和喜好，並對此做適當的調整。如果對方不喜歡太過直白，你就應該在說話時儘量含蓄一點；若對方性格率直，那在說話時就可以直接一些；若對方崇尚學問，說話時就要有深度一些；若對方喜歡談論一些瑣事，那麼說話時你就應該多注意細節……

這是每個人都應該學會的溝通技巧。溝通能改變你的人生，同時它的有效程度也決定了你是否能順利地將自己的理想轉化為「大家」的理想，讓更多的人來為你的理想添柴加火。所以，當你的說話方式能符合對方的個性和喜好時，就能拉近彼此的距離。你自然就說得痛快，也能讓他聽得如意，你們之間就很容易一拍即合。

讓所有的人都愛聽你説話，這的確不是一件容易的事情，你需要針對不同的群體，來設計合理的溝通方式。

第一，與地位高於自己的人談話，你應該充分保持個性。

如果對方的地位高於自己，你千萬不要做一個「應聲蟲」，而應該説出自己的想法和觀點。他們更喜歡有想法、有深度的人。如果你沒有自己的思想，一味的唯唯諾諾，就不會得到他們的賞識，更不可能給你時間，給你機會和你説話。同時，也要對他們表現出尊敬之情，要帶著誠意和敬意去和他們講話。當他做出回應時，你要認真傾聽，不要隨意插話。當他提出問題時，你要做出簡潔的回答，儘量不講題外話。説話時，要神情自然，不能露出誇張的表情，也不可太過拘謹。

第二，與老年人談話，應該始終保持謙遜。

每個老年人都不服老，他們都為自己曾經的光輝事蹟感到自豪，也喜歡與人談論。所以，當你跟老年人交流時，盡可能地多提及一些他曾經做過的事情，講一講他過去的輝煌。這樣更能讓他們敞開心扉，也更容易打動他們的心。

這一招同樣適用於和那些成功者打交道的時候。你不妨用略帶崇拜的口吻去講你對他們過去輝煌經歷的看法與認識，你儘量引導他們去說，同時也要講出你自己的觀點，不能只拍馬屁。在這樣的交流中，一方面，你能給他們一個好的印象；另一方面，也能從他的經驗和認識中學到更多的東西。正可謂，一舉兩得。

第三，與比你年輕的人談話時，應該沉穩、慎重。

在某些方面，後輩們的思想和認識或許比你新穎一些。但是在很多方面他們的知識儲備和經驗的累積自不如你。所以，在和年輕人交往時，你不必自降身份。你可以與他們談一些他們感興趣且你也有所瞭解的事物，讓他們明白你也有著與他們一樣的觀念和看法。這樣，就能找到認同感，談話也會比較容易進行下去。他們在和你談話時也不會有拘謹感，也會更自在一些，與你走得更近一些。

需要注意的是，在與年輕人交談時，儘量多講一些他們感興趣的事，而不是你自己感興趣的，也不要讓話題超出你的知識範圍，更不要去打擊他們追逐夢想的決心。只有這樣，才能將他們真正吸引過來，拉近與他們的距離。

第四，與地位低於自己的人談話，你應該展示出成熟、嚴謹。

與下屬談話時，我們應儘量避免談得太多或者談得漫不經心，以免讓下屬對你產生隨便和無知的印象。

同時，作為上司，你應該內斂、和藹、有禮，避免顯示出優越感。當你不知道該說什麼時，可以去誇讚他做得比較完美的工作。要注意，講話不要太多，也不要和他們太過於親密。

因人而異的談話方式，不僅可以表現一個人的修養，而且能為你自己帶來意想不到的收穫。

尋找和其他狼的共同語言

在職場中，與別人發生爭論是在所難免的事情。但是在與他們爭論之前，你應該先給自己一點時間去好好想一想：「我和他之間有何共同之處？」也許用不了兩分鐘，你就會將原本帶有攻擊性的意見咽下，改為一句洋溢著讚美的話語。然後，將之前的不快拋至腦後，或者和他去附近的酒館喝兩杯。此時，不管你的初衷是什麼，你都已經在此次的溝通中獲勝。

一次成功的溝通總是先從找到共鳴開始。它關乎我們是否能夠順利交談下去以及溝通的氛圍如何，而不是談判剛一開始就變成了你死我活的生死速決比賽——這往往只需十秒鐘就宣判了一個人的失敗：「走開，我不想跟你談！我們沒什麼好談的！」

與人交談不是在唱「獨角戲」，而是讓雙方的思想得到交流。在交談的過程中，應該讓雙方都享受到對話的樂趣，達到彼此心靈上的共鳴，並最終實現交談目的。因此，談話雙方一定要首先明確此次談話的真正目的，並且以此為著眼點，進行友好協商。

溝通的重點在於，雙方要有一個共同的話題，而不應該雞同鴨講，自說自話，想到哪說到哪。如果你與別人在交流的過程中，沒有找到一個共同感興趣的話題，沒有融合點，那通常會讓對方感到枯燥厭煩。如果你說的他不關心，他講的你又沒興趣，這種溝通就乏味到了極點，根本沒有進行下去的必要，只是在浪費彼此的寶貴時間。

要想與對方暢通無阻地進行交流，你就必須找到對方的興趣點，找到你們的交集。從對方最關心的話題入手，總能讓氛圍變得友好歡快起來，也能讓雙方緊密地走到一起，團結協作，最終建立共同的利益。

在巴黎，有一位叫巴哈爾的猶太商人，經營著一家高級葡萄酒公司。他非常想將自己公司的葡萄酒推銷給巴黎的一家大飯店。於是，他在四年的時間裡，持續不斷地給這個飯店的老闆克萊恩打電話，還曾多次去參加克萊恩出席的社交聚會。為了能讓這筆生意成交，他甚至在這個飯店裡住了下來。

巴哈爾的這些做法都是白費心機，克萊恩對他的葡萄酒絲毫不感興趣。巴哈爾經過苦苦思索之後，終於找到了癥結所在。他立即改變了自己的策略，去尋找克萊恩感興趣的東西。他發現，克萊恩對一個「法國旅館招待者」的組織非常上心，只要這個組織有活動，不管路途多遠，他都會去參加。

第二天，待巴哈爾再見到克萊恩的時候，就跟他談起這個「法國旅館招待者」組織。談話結束時，巴哈爾得到了一張該組織的會員證。雖然在這次談話中巴哈爾隻字未提葡萄酒的事情，但幾天後，那家飯店的採購經理就主動給他打了個電話，下了訂單。

事後，巴哈爾感慨萬分，他說：「在商業活動中，商人必須學會跟著客戶的興趣走，對於客戶最熱心的話題或事物一定要表現出極大的興趣。並要巧妙地以這些興趣作為話題的切入點，還要多多迎合客戶的觀點，對客戶表示出足夠的尊重和欽佩，這對生意的促成有著非常大的幫助。」

在談話過程中，又該怎樣找到雙方共同關注的話題呢？最有效的方式，就是適當的詢問和引導。用提問的方式去試探，你就能很快地找到對方的興趣所在，再從對方的興趣入手，慢慢地轉入談話的正題，這樣，就會收穫意想不到的效果。

只有找到共同的話題，才能引起共同的興趣，才能拉近彼此的距離，進而建立共同的利益。在與人談話時，除了要懂得投其所好，跟著對方的興趣走，還要注意處理好這其中的一些細節。

一場成功的狩獵要注意細節

很多事情處理的好與壞，都需要從細節去評判，而不僅僅去看宏觀策略是否正確。很多時候，那些可以打動人心的行為，並不是轟轟烈烈的事情，而是一個細微的舉動，一句不經意的話語。有的人總能在無形中獲得別人的信任，拉近與對方的距離，究其原因，他們都能在細節上做得比別人好。

有時候，對方最想要的不是一句信誓旦旦的承諾，也不是一句極盡華麗浮誇的誇讚，而是一句最樸實無華的問候。但是通過這句話，必須讓他感受到你的真誠和良苦用心。在交談時，你可以試著用一些能有效拉近雙方距離的關鍵字，比如，將孤立的「我」和「你」換成「我們」。

雖然艾力克從事銷售工作只有半年的時間，卻一直在公司穩居銷售冠軍的寶座。在公司的經驗分享大會上，他的分享讓大家受益匪淺。除了必不可少的銷售技巧之外，艾力克提到了很重要的一點，他從來不跟客戶說「你公司」「我公司」之類的話，而是統一說「我們公司」，這樣除了能給客戶一種親切感之外，也會讓客戶從心理上把他當成一家人，降低對他的防備心理。

他說：「在你絞盡腦汁都找不到和客戶的共鳴時，『我們』這個詞彙就是唯一能將你跟他聯繫到一起的工具。它能立即縮短你們之間的情感距離，給他一個暗示，讓他覺得你和他是密切關聯的。即使他清楚你們之間存在著利益關係，但他的潛意識卻會因此受到影響。」

很多銷售人員都大費周章地想跟客戶套近乎，縮短與客戶之間的距離，但是卻很少去注意這些細節性的問題。而這種細節上的強化，往往可以讓你達到事半功倍的效果。

說「我們」，常常會讓對方有一種「我們是一體」的感覺，減少了「你是你，我是我」的生疏感。當這個心理基礎建立之後，當他對你放下戒備後，你再慢慢地將話題引向關鍵點，就不會讓他反感了。

我們要想被別人接受，首先要爭取到讓別人願意親近你的機會。只有你先把別人當成一家人，創建一個心理和利益的共同體，才能拉近你們之間的距離，才會讓對方慢慢的接受你，把你當成自己人。

說話跟工作一樣，處處是學問，時時需留心。這個世界上，沒有打不開的鎖，更沒有無法接近的人，關鍵要從自己身上找原因，看看是不是把每一個該注

意的細節都做到位了。

◎考慮過合適的時間與地點嗎？

在溝通時，選對合適的交談時間和地點也很重要。很多時候，你與別人交談時選取的時間和場合，會直接影響著你們的交談順暢與否。

要想選取一個合適的交談時間和地點，你就必須先「鑽進別人的眼球裡，看他怎樣看世界」，必須先透徹地瞭解對方的想法，參悟對方的喜好，並且站在對方的立場上考慮問題。

◎為對方著想了嗎？

誰都喜歡以自我為中心，但你如果能夠暫時地放下自己，多考慮對方的感受，多聽取他人的意見，就能讓你在人際關係上左右逢源。只有滿足了他人的願望，才能讓你自己的心願得到進一步的滿足。由對方來選擇交談的時間和地點，這不僅僅是尊重對方的表現，而是你在全方位為你們之間的交流做設計和努力。給他營造一個最舒適的氛圍，讓他的身心獲得最大限度的愉悅，才有可能讓他最大限度地滿足你的需求。

也就是說，在任何一個環節上，你都要設身處地地為對方設想。

聰明的溝通者往往把別人的感受看得比自己的更重要，即使在說服他人的時候，也會設身處地地為對方設想，替對方考慮，站在對方的立場上來分析問題。

若想勸說一個人去做某件事，在勸說別人之前，最好先問問自己：「怎樣做才能使對方願意去做這件事呢？」「我若是處在他的情況下，會有什麼樣的反應，有什麼樣的想法？」

◎是不是你話說太多了？

一提起銷售員，很多人的第一反應就是，他們好能言善辯啊，簡直太會說話了。但是奇異公司在總結銷售人員交易失敗的原因時，卻發現最大的問題就在於推銷員的喋喋不休。客戶的時間有限，他們的消費目的也很明確，若一個銷售人員自顧自地說了很長的時間，卻沒有講出對方想瞭解的資訊，就會讓客戶失去耐心。而且說太多的話，也會無意間將自己產品的缺點暴露出來，這樣就很難成交。

其實，在與別人交談時，並不是談話的時間越長越好。只要能抓住關鍵點，把主要的意思準確地傳達出來，並且讓對方傳達出他的想法之後，就可以停止交談了。

言多必失。那些不成功的銷售人員，就只會按照自己的想法滔滔不絕地推銷產品，以為自己說得越多，客戶對產品的印象就越深刻，卻忽視了客戶的感受。客戶本來打算購買的熱情，也讓你的口水給澆滅了。他們不但對產品沒了興趣，還因為想擺脫你的糾纏而急於離開。一名成功的銷售員，會懂得在銷售過程中抓關鍵點，既能將自己產品的特性清晰地傳達給客戶，也不會讓客戶感覺厭煩。那麼究竟該如何讓對方在最短的時間裡明白自己的意思，並且能被你說服呢？

我們必須找到問題的關鍵點所在，要注意從這幾個方面入手：

◎對方的基本需求是什麼？

◎對方最感興趣的點是什麼？

◎對方最容易攻陷的環節是什麼？

要清楚上述問題的答案，就要在交談時，懂得去提問、傾聽、觀察和總結，要與對方進行互動，而不該自己在那裡滔滔不絕地講。要帶著這三個問題去交談，這樣才可以在最短的時間內，達到最好的溝通效果。

最合理的談話時長，就是在達到談話目的後，既能讓你們的交談足夠深入，也不會讓對方感到你這人很囉唆。談話時儘量簡明扼要、與對方進行良好有效的互動，這樣就可以幫助你達到想要的效果。

陷阱永遠會在你想不到的地方出現

人與人之間的溝通，既有坦途，也有暗礁。不管對方看起來是如何跟你推心置腹，你也要萬分小心。要時刻提高警惕，把握住主動權，讓自己處於進可攻、退可守的有利位置。

人心叵測，你永遠也不能保證，那些居心不良的人不會傷害你。溝通中稍有不慎，就會給自己招來禍患。在與人們的交流中，每一句話都有可能是陷阱，尤其是在你意想不到的地方出現。因此可以不開口的時候，就一定要學會沉默，絕不多說一句話。當你面對溝通中的「死結」或者突如其來的問題時，我的忠告是：「想好了再說。如果沒有想好，那麼就先別說，閉上嘴巴。這並不是最好的方法，卻是最安全的選擇。」

在溝通中有一些問題儘量不要向別人提及，以免被別人利用和陷害：

（1）薪水問題：很多公司都實行「密薪制」，「同工不同酬」是很普遍的薪酬制度，也是很多老闆常用的一種獎優罰劣的方式。不要天真地以為跟別人談論薪水只是一件小事兒。它很有可能會引發一些你意料不到的狀況。如果你的薪水比別人高，很有可能會讓別人覺得不服氣，而私下報復你。

（2）個人隱私：每個人都有自己的秘密，都有一些不願讓別人知道的事情。不管你和同事、客戶、上司之間的感情有多深厚，都不應該隨便把你的秘密告訴對方。

你的私事不管是否跟工作有關，都不要隨便告訴別人，以防被別有用心的人利用。儘管你只是告訴了一個人，但是，過不了多久，就會成為公開的秘密。這不僅會影響你的形象，而且在關鍵時刻很有可能會成為別人打擊你的武器，讓你死無葬身之地。在風雲變幻的職場裡，要及時地把自己的私人領域守護好，將自己很好的保護起來，避免成為別人的話題。

（3）家庭財產和成員狀況：不要將你的家庭財產和家庭狀況掛在嘴邊，以免給自己帶來不必要的麻煩。

在人際交往中，你必須清楚，什麼是自己要向對方傾訴的，什麼是不能讓對方知道的。只有守住你的底線，才不會被別人牽著鼻子走，才不會陷入談話陷阱中。要多向那些狠角色學習，能在防範陷阱的同時，巧妙地獵取自己想要的資訊。

要成為狼王就要勇於面對尷尬

在這個世界上，每個人都有遭遇尷尬的時刻。就算你自信滿滿、鐵嘴鋼牙、精明無比，也依然會在一些特殊的場合邂逅尷尬。事實上，尷尬並不像我們想像的那麼可怕。正因為有了尷尬，個人才能得到快速的成長和積澱，人生才會變得精彩旖旎。當遭遇尷尬時，不要驚慌，不要懼怕，要學會從容，勇敢應對。對那些狠人來說，他們在尷尬時刻也能保持該有的淡定，甚至在必要的時候，就算明知要面臨尷尬，也會迎難而上。

對大多數的人來說，「奉承」就是一件非常尷尬的事情，如果你是奉承者，你可能會因為難為情而手足無措；而如果你是被奉承者，當面對別人過於誇張的讚賞時，你也會不知所措。在我們的人際交往中，難免要去面對這樣的尷尬場合，不得不去向別人說一些恭維的話，也難免會有人來拍你的馬屁。溜鬚拍馬不是一件值得讚賞的事情，但我們卻不得不去做，因為只要奉承得當，我們就能取悅別人，讓一些事情達到事半功倍的效果。

問題在於，奉承也要把握好一個限度，不要為了奉承而奉承，這樣說出來的話就很容易與別人的情況搭不上邊，而且，馬屁拍得太明顯，也會讓別人感到尷尬。可見，拍馬屁也需要掌握技巧。如果不懂技巧，不但不會從中獲益，還會給自己惹上麻煩。在奉承他人時，我們要善於抓住每件事情的重點，並融入自己的真誠，說出自己好的體驗和感受，讓對方感受到你對他由衷的認可。

有這樣一個故事：

書籍推銷員比恩‧崔西路過一家店鋪時，看見一個年輕人正坐在老闆椅上，在看一本名為《窮爸爸，富爸爸》的書。於是比恩‧崔西就走進去說：「原來你也在看這本書啊，我也很喜歡看。」

對方聽後回應道：「這本書寫得很棒，就像是一本社會大學的教科書。我沒有上過大學，但是我認為，社會大學通常要比書本上教授的東西要多。」

比恩‧崔西說：「我非常贊同你的觀點，這也是這本書裡的觀念，一個人具備的心態和智慧，決定了他有什麼樣的認識和高度。聽了你剛才的話，我覺得你應該把這本書研究得很透徹了吧。」

對方不好意思地說：「我這人天生就不喜歡上學，但是愛看課外書。」

比恩•崔西接道：「但是，你具備讀書的天賦呀，我感覺你就很會運用知識。你還這麼年輕就開了一家如此精緻的店，相信你的店以後會不斷的擴大。你可以把這本書的觀點很好的融入到你所在的領域，將是非常了不起的。」

聽了比恩•崔西對自己的誇獎，年輕人也不由的眉飛色舞起來，大講自己的理想和人生計畫。當然，最後比恩•崔西成功地向他推銷出去了好幾本與成功和理財相關的書籍。

從上面的例子就不難看出，有效地奉承讚美他人，可以給自己帶來額外的收穫，但是，奉承一定要選擇適合對方的話來講。所謂有效的奉承，就是洞悉人心，說出他們想聽的話，並且讓一切看起來都是那麼的自然。

通常情況下，奉承可以分為三個步驟：

第一步，要說出對方的亮點。

第二步，具體的描繪出對方的亮點能給他帶來什麼樣的效果。

第三步，要結合他的亮點說出他帶給你和他人的感受。

這樣，就會讓奉承看起來自然又真實，可以不著痕跡地把別人捧上天，然後達到自己想要的目的。學會不露痕跡的奉承別人，就是在為你自己的成功開山辟道。在這個世界上，要永遠遵循的潛規則是，**你先讓別人舒服，別人才會給你糖吃！**

有時，即使你的奉承很得體，天衣無縫，但偏偏有人故意讓你難堪尷尬，你又該怎樣應對呢？我們總會遇到一些不順心不如意的事情，當別人故意向你挑釁，想讓你下不來台時，很多人都會惱羞成怒，而優秀的溝通者卻會機智地應變，成功扭轉局面，轉被動為主動。故意令你難堪的人，當然誰都會遇到。有的人會為此終日惶恐不安、萎靡不振，而有的人卻可以利用這些人讓自己更上一層。

面對這些令你尷尬的人和事時，你應該怎樣做，才能扭轉局面，轉被動為主動呢？你必須學會區分環境的差異，學會揣測人心的不同，然後採取有效的行動策略：

◎糊塗處事是一種充滿大智慧的人生態度。

在面對那些故意刁難你的人時，若問題實在無關大局，不值得大驚小怪，那就要學會裝糊塗，不可事事較真。這樣會顯示出你寬闊的心胸，為你的人格魅力加分。若是處處計較，會讓別人覺得你這人小氣，破壞了你在別人心中的形象，這就中了居心不良之人的詭計。

◎借助他人的智慧。

每個人的能力都是有限的，只有那些善於借助他人智慧來解決自己問題的人，才能有效地拓展自己的發展空間，才能取得更大的成功，在面對讓你難堪尷尬的人時也不例外，要向值得你信賴的人尋求幫助，你將得到意想不到的收穫。最好的狀況是我們在自保的前提下，還能借刀殺人，讓別人替你出手，我們則坐收漁翁之利。

◎有些事是可以不辯而明的。

很多事情其實不需要做出過多的解釋，因為人們都具有理性判斷的能力。當你不是用辯解，而是以實際行動去證明的時候，旁觀者自然能理性公正地看待事情。因此，在遭遇尷尬時，善於以退為進，也不失為一種好計謀。

◎必須懂得籠絡人心。

古往今來，得人心者得天下。若你在團隊中擁有了一定的地位和人緣，那麼就能得到別人的擁護和幫助。那些故意給你難堪的人，無疑是在與整個團隊作對。一定要用團隊的力量去對付那些想跟你過不去的小人。

◎靈活運用「沉默是金」的原則。

懂得節制是一種美德，你不要妄想通過自己犀利的語言能扭轉局面，改變他人的看法。有時無聲勝有聲，善於使用沉默，讓那些故意想跟你作對的人無趣而退。當然，沉默只能作為一種暫時的溝通工具，絕不可當成自己的一種長期溝通戰略。

◎強者擅長以柔制勝。

以柔克剛是一種被廣泛應用的溝通方法，可以有效地幫你化解那些與人溝通時遇到的障礙。對待那些讓你難堪的人，不要被怒火沖昏了頭腦。要善於理智地去分析別人這麼做的原因，並找出突破口。再採用有效的方法，去化解兩人的矛盾。或許，你會成功地做到化敵為友。

最後，我們要學會從積極的角度審視那些令你難堪的人和事。其實，他們也是你人生道路上的一種助力，他們可以讓別人更好的認識你。如果你對這些尷尬之事處理得夠好，你就能加深別人對你的印象，擴大你的影響力。從這一點來說，他們也可以算作你人脈中的一股不可或缺的力量。

6 CHAPTER

行動如狼，攻心為王：行為要像狼般剛強，心要像棉花般柔軟

每個人都像一個傀儡，操縱他們的引線便是情感。在世上活著的人，因為越來越明白普世價值，所以越來越知道自己要的是什麼。看看我們的四周，同窗之情、舐犢之情、還有至死不渝的愛情。我們見到愛人會臉紅心跳，我們見到仇人會面紅心驚，我們無時無刻不處在情感的束縛與羈絆中。情感操縱不是教你如何綁架他人的情感，而是教你如何共鳴他人的情感。有共鳴，有共贏。

狼也要學習怎麼向狼王撒嬌

作為個體的人來說，我們每一個人都是與眾不同的存在。外在的身高、容貌或者膚色，以及內心的價值觀、信仰和觀念，將我們區分開來。但作為共同的人類，人們身上大部分的共同之處是永遠無法改變的。比如，我們每個人都擁有情感，而且我們的情感總能和別人得到共鳴。

情感潛移默化地引導著我們的行動、我們的生活方式和與他人溝通的方式。它能控制我們的情緒，它是我們觀察世界的工具和途徑，它能操縱我們與外界溝通時的感知和體驗，它能將我們的所見所聞以及得出的結論塗上它自己的色彩，它操縱著我們與他人的溝通方式——我們該說什麼，怎麼說。

每個人在交往中都會產生情感，不同的情感又會對交往產生不同的影響。

我們用眼睛看到的世界，用耳朵聽到的話語，都必須經過心靈的體會、情感的包裝才能真正被我們接受。並且在情感的驅動下，我們會對外界做出相應的回應。由此可見，情感在我們的人際交往中有著舉足輕重的作用，當外界給我們的刺激能激發我們愉悅的情感時，我們自然會更容易接受，也會做出積極的反應。但當我們接收到的資訊激發了消極的情感時，我們做出的回應也會被蒙上消極的色彩。

情感的可操縱性，保證了我們對於心靈世界的控制，我們可以利用它來塑造自身的魅力，並且能更便捷、有效地達到目標。

今年三十七歲的萊莉，居住在紐約，是一名出色的財經顧問。她是如何在強人林立的名利場混得風生水起，又是怎樣駕馭那些精明的客戶，痛擊那些強勁的對手的呢？她最大的秘訣就是不要採取回避和過於直接的態度，「當你懂得調動對方內心的情感時，你就可以靈活地發揮自己的能力，並在合作與競爭中變得主動和聰明一些。」

萊莉的話很值得玩味。情感在人際交流中的作用日趨重要，哪怕你絲毫沒有想要付出真情的興趣，也應該懂得去運用一些充滿「智慧的語言」去傳遞你的真誠，去引起對方的情感共鳴，進而激起他們心中對你的好感。而「甜言蜜語」就是這種充滿「智慧的語言」，它可以說是情感交流的通行證，在人際關係上大行其道。

甜言蜜語總能輕易讓人產生愉悅的心情，繼而收買人心。它在愛情中的作用尤為重要。很多曾經轟轟烈烈愛過一場的愛人，當成為夫妻之後，他們之間的情感卻日益冷淡，彼此漸行漸遠。究其原因，他們結婚之後和熱戀時的最大區別就在於，不再說或者很少跟愛人說甜言蜜語。或許，你會說，從戀愛到結婚，在時間的衝擊下，該說的甜言蜜語早已說完，到如今，已經沒有什麼新鮮的話題了。並且，知道彼此是愛著對方的，也沒有再去說情話的必要了。於是，彼此間缺少了甜言蜜語的潤滑作用，兩人的情感就會越變越淡，而吵架的次數就會越來越多。因此，我們必須重視對情感的刺激和操縱。在與別人談話時，一定要從眾多的話題中，找到那個最能讓對方引起情感共鳴的話題，以聰明、得體的方式表達出來，你就會得到對方的理解，贏得他的好感，受到他的歡迎。

◎甜言蜜語是潤滑劑。

甜言蜜語是一顆真愛之心與得體語言的最佳結合。在人際交往中，它永遠都不會過時，總能擊中要點。即便你面對的是一個態度冷漠，思想保守，內心封閉的人，你持續的甜言蜜語攻勢，也一定能有效地打開對方敏感的情感之窗，並開啟他的心門。

◎無關緊要的廢話亦是必需的。

人們在戀愛的時候，總有說不完的話想跟對方傾訴，這其中不乏有許多廢話，但這一言一語中都包含著濃濃的情感，充滿著只有對方才能體會到的情意。即便是廢話，也同樣具有威力，很能打動對方的心靈。所以說，廢話其實也是情場頗具殺傷力的武器。你會講廢話，就等於打開了情場之門，獲得了充足的能量，就能戰無不勝所向披靡。

這些看似「廢話」實則充滿真情實意的話語，不管是在戀愛中還是職場中，都是人們保持親密和諧關係的重要紐帶。

◎適當的玩笑是溝通的最佳工具。

在這個凸顯個性與魅力的時代，學會幽默，適當的玩笑也是需要的。它就像我們生活中的調和劑，能讓乏味平淡的生活，增添幾分輕鬆、活潑的色彩，讓我們的生活變得更加有趣、更加人性化。但你必須先確保，你的笑話不是惡俗和無趣的。

看不見的，才是最致命的

為什麼總有那麼一些人會讓周圍的人們為之傾心？他們在人群裡如魚得水，深受別人的喜愛，不僅能讓女性仰慕傾心，就連男性們都敬仰佩服。這種男人可謂是極品男人，是交際場上真正的狠角色。

他們究竟「狠」在哪裡？

這種男人，外表不一定有多麼的俊美，但一定是乾淨整潔的；性格不一定要多麼出眾，但是一定是有內涵的。對工作，他們迎難而上，有一股敢作敢當的氣勢；對女人，他們照顧有加，有一種男人特有的溫情。

除此之外，他們還具備以下幾點特質：

第一，對別人他從來不小氣。

這種男人在與人交往，特別是和女朋友在一起時，每件事情都大方得體。在物質上，不會吝嗇到和女友一起吃飯還要AA制，也不會無節制地滿足她在物質上過分的要求。他有自己的一套原則，會在能力承受範圍之內，讓自己的女人過上最舒適的生活。

他們大度寬容。不會無休止的跟自己的女人爭吵，只要無傷大雅，都會包容、疼愛她。但是當她犯錯時，他不會姑息縱容，會讓她認識到自己的錯誤，並幫她改正。

第二，尊重周圍的人，特別是尊重別人的隱私和獨立空間。

一個極品的好男人，他會尊重別人，絕不會將自己的女人當做附屬品。他欣賞她的獨立，支持她的工作，尊重她的朋友。他永遠是她避風的港灣，絕不會在危機時刻拋棄她，離開她。

第三，浪漫體貼是他們的標籤。

他們體貼細緻，懂得考慮別人的感受。在感情中，他深諳女人心。清楚女人需要什麼，不管多忙，他都會送上自己的關心；不管多累，都會給她製造驚喜。他會用自己的行動，一點一滴地走進女人的心裡去，去呵護她，照顧她。他們的浪漫體貼滲透在每一個細節，每一件細微之事上。他們有自己獨特的魅力，能讓女人開心、放心、安心。

第四，甜言蜜語是他們有力的武器。

絕大多數女人都是在用耳朵談戀愛，那些聰明的男人都懂得這個道理。作為一個交際高手，他深知，甜言蜜語是愛情的催化劑，會讓很多女人失去抵抗力。他總能適時地送上甜言蜜語，簡短幾句話，就能擄獲美人心。

第五，做人踏實，做事積極向上。

一個在事業上一無所成的男人，在人際圈混得灰頭土臉的男人，無論表現得多麼謙卑，他都無法真正俘獲女人的心，都無法真正擁有自己的地位。就算他的事業正處在起步階段，朋友也沒有幾個，但是如果他是一個優秀的人，也能用自己的行動去證明：我是一個潛力股，你選擇我，絕對不會錯。

對於女人來說，遇到這種交際場上的極品男人時，你要怎樣做才能打動他們？

第一，經常讚美對方，表現出對他的欣賞。

男性的自尊心普遍很強，尤其是在女性面前，比起批評他們更喜歡接受讚揚。所以，當他失意時，你要及時出現在他身邊，給予他安慰。雖然看似微小的舉動，卻能輕易打動對方。當他取得成績時，你要表現出對他的關注，毫不吝嗇地送上掌聲和誇讚。

記住，你發自內心對他內在品質的欣賞和讚美才是讓他受用的關鍵。

第二，保持適當的距離。

處理好自己的事情，不要凡事都依賴他，要在他面前保留一份神秘感。當你與他保持一個適當的距離，並能不時給予他一些驚喜時，就能很好的吸引他的關注。

第三，告訴他，對你來說，他很重要。

人們都希望在別人眼中自己是重要的，如果他對你來說真的很重要，那就讓他知道。同時，也要適當地去依靠他，這樣能激發他的保護欲，會讓他更加重視你。

找到別人沒注意到的細節

情感操縱的奧妙在於，我們經常可以用微小的投入換得巨大的成效。這是用金錢難以買到的成果。情感也需要經營，特別是要在細節上進行經營。細節的重要性不言而喻，在愛情中，細節通常能起到深化情感的作用。你需要時不時地給對方一些小驚喜，讓對方感受到你一點一滴的愛意，只有逐漸生長的愛情才能一直走下去。

女人都是很感性的個體，很容易被細節打動。那些情場高手就非常擅長在這些細節上大做文章，從而贏取她們的芳心。他們會記住每一個特別的日子，戀愛紀念日、生日、情人節、結婚紀念日……當這些日子到來時，給對方一些驚喜，一個精心挑選的禮物，一起吃頓飯，一起看場電影，不要求花費多少錢，但一定要有心。如果能在這些日子裡有好的表現，就能讓感情大增。

這樣的細節經營，不僅能在感情中起到好的作用，在工作中亦同樣適用。

我在長江實業做銷售的時候，曾遇到過一位出了名難纏的客戶。她是一位三十來歲的女士，最近剛搬進一棟大別墅，想給每一個房間都裝上足夠的電器。很顯然，這是一樁大買賣。但我的同事在找她推銷時都接二連三地失敗而歸。回來的同事垂頭喪氣地說：「我建議你們不要去了，她簡直就是一個神經病，我還沒開口說話，她就下了逐客令。」至於為什麼會這樣，他們也找不到具體的原因。

我只好親自出馬。我挑選在星期二前去拜訪，而不是同事們選擇的週末。因為我知道很多人都希望在週末多一些時間陪家人，所以能留給銷售員的時間一定是極其有限的。即便有時間會談，她也一定會表現出強烈的不耐煩。

當她來開門時，我突然意識到，或許，我來的時間挑選得並不合適。她看起來像是要出門的樣子，她穿戴整齊，拎著精緻的手提包，左手拿著鑰匙，右手牽著一隻小狗。

我一邊暗叫倒楣，一邊硬著頭皮問好：「您好，我是長江實業的銷售經理，昨天跟您約了時間。」

她打斷道：「我要出去了，真是不好意思。」

「噢，不要緊。」我說，「您不用給我太多的時間，五分鐘就足夠啦！」

「那也不行。」她極其冷淡，「看見了嗎？我馬上就要出門了，你們這些賣東西的總是這樣，根本不在乎顧客的感受，一天打好幾次電話，煩不煩呀？」

我意識到，此刻決不能將話題引到電器上，否則她一定會生氣地將我趕走。就在這時，她腳旁的狗突然汪汪地叫了兩聲，吸引了我的注意力，同時也給我帶來了新的想法。我冒著被狗咬傷的「危險」——其實它並不會主動咬人，蹲下身子，先摸了摸它的腦袋，然後微笑著問她：「它是不是需要精糧餵養，每天都需要洗澡吧？我最近也買了一隻狗，但我不知道該怎麼去照顧，如果有機會，真想向您請教。」

當我開始撫摸她的愛犬時，她冰冷的表情就像遇到太陽一般融化了。就這樣，她和我有一搭沒一搭地聊了起來，後來還主動向我諮詢電器的事情。這意味著，我的這一細節成功地打動了她，接下來的事情也就順理成章了，我拿下了這個訂單。就因為一個瞬間的舉動將對方打動，這很神奇嗎？其實一點也不，因為我恰好「擊中」了這位女士的情感軟肋：她是一位瘋狂愛狗的女士，對於各種犬類都有專業的研究。當我以狗為切入點，和她聊天時，她就卸下對我的防備，打開了「溝通視窗」。

由此可見，細節在經營人脈的過程中有著舉足輕重的作用，只有懂得經營細節的人，才有機會收穫成功的情感和事業。

保持好習慣，讓你在狼群中稱王

我們常說性格決定命運，而性格的養成則來自於我們的習慣。有調查表明，人們日常的行為，有百分之九十源自於人的習慣和慣性。如果能將好的習慣根植於你的潛意識中，你在日常行動中，就會下意識地去使用這些好的習慣。久而久之，你會越來越優秀，越來越接近成功。

上海的羅經理曾跟我講過一件他們公司內部考核的真實事例。他曾經給手下的員工小李和小趙每人一袋開心果，讓他們在辦公室裡吃。然後，他讓人事部門的主管小朱過去巡查，故意抓到他們。

小李瞭解朱主管這個人，知道他肯定不會管自己。即便看到了朱主管，小李依舊怡然自得地吃個不停。朱主管看到後，瞪了小李一眼，扭頭走了。小李正納悶呢，桌子上的電話響了起來，是人事部門打來的，讓他立即過去。小李到了辦公室，朱主管把一份解聘書放到他的面前，告訴他已經被公司解雇了。當然，這也是羅經理的意思。

小李的腦袋一下子就大了。他不明白，為什麼自己吃零食會被解雇，而小趙卻沒事？他要求朱主管和羅經理給自己一個合理的解釋。

朱主管告訴小李，「雖然你們兩個人都違反了公司在上班時間不准吃零食的規定，但小趙待的地方是設計部，那是一個需要寬鬆環境和自由氛圍的地方。當客戶來到這裡時，就算看到有員工在吃零食，也會認為這是員工富有個性的表現。員工有個性，才能設計出與眾不同的產品。因此，吃零食不會給公司的業務帶來太大的影響。反過來呢，你待的地方是市場部，那是一個非常嚴謹的場所，一個小數點的疏忽都會給公司帶來巨大的損失。如果客戶看到市場部的員工在吃零食，並且吃相非常不雅，他首先會認為這個員工生性懶散、辦事拖延，進而懷疑公司的工作效率，這樣就可能給公司帶來很大的損失。」

「客戶看到我的吃相，就會認為我懶散，這也太誇張了吧？」小李很不服氣。

這時，羅經理走過來，說：「你不要小看這些習慣，作為市場部的職員，公司重要的一分子，你竟然對此沒有研究。說明你平時也沒有認真地對待這份工作，就憑這一點，你也應該離開。」

良好的習慣是我們走向成功的巨大力量。成功者與失敗者的最大區別來自於習慣的不同。人的習慣就像樹木一樣，在幼苗時很容易拔除，而隨著時間的推移，逐漸根深蒂固，就很難根除。

對於路邊的一棵小樹苗，你不費吹灰之力就能將它拔掉。但如果換成一棵粗壯的大樹呢？你將很難摧毀它。逐漸成長的大樹就像日積月累的習慣，越來越令人生畏，讓人怯於嘗試去改變它。只要習慣養成，不管是好習慣，還是壞習慣，都難以改變。而在習慣的養成過程中，那些被重複的次數越多、存在時間越長的習慣，就越難改變。

有一家著名的企業在招募人才，對各方面的要求都很高，但由於薪水很高，還是有很多高素質人才前來應徵。有兩個年輕人憑著自己的努力，一路過關斬將，闖到了最後一關——由總經理親自面試。

兩個年輕人都信心十足。面試一開始，總經理藉故離開，讓他們在辦公室等他。總經理走後，他們中的一個人立馬走到總經理的辦公桌旁去隨手翻看上面的東西，而另外一個人，依舊坐在原地等總經理回來。

過了一會兒，總經理推門進來，指著坐在原地的年輕人，說：「面試已經結束了，你被我們錄取了。」然後又對另外一個年輕人說：「很抱歉，你被淘汰了。」這個年輕人立馬不服氣地說：「面試還沒開始呢，怎麼就把我淘汰了？這也太不公平了！」總經理不緩不慢地說：「你們剛才的表現就是面試。很抱歉，本公司不會錄取那些亂翻別人東西的人。」這個年輕人聽了他的話，立刻傻眼了。

好的習慣，能幫助我們輕鬆地獲得人生的快樂與成功；壞的習慣，則能毀掉我們的一生。如果很不幸，你擁有很多壞習慣，一定要去改變。否則，你將很難成功。

學習狼王的氣度

有氣度的人能時時展露出人格魅力。他們在工作交往中舉止得體、談吐優雅、學識淵博，總能給人們留下深刻的印象，成為人們信賴、敬仰的對象。他們對每個人都謙和有禮，就像明媚的陽光，能驅散烏雲，帶來溫暖。

居住在加州的屋列維先生，就是這樣一位非常有氣度的人。他是一位十分能夠忍受牢騷和埋怨的農場主。他的雇員經常對他發牢騷，不是抱怨他上個月發給自己的薪水少了幾美元——事實上沒有，就是向他控訴農場外的道路太破了，每到下雨的時候都無法開車回家，很容易掉進路邊的河溝。

每當他們抱怨時，屋列維先生都會微笑傾聽。當我問他為什麼能做到如此的平靜時，他笑著說：「他們之所以跟我發洩，只是因為我是他們最信任的人，他們也願意和我吐露心聲，因為我能讓他們感到輕鬆。」

人們通常都會向親近的人抱怨和發牢騷，這是信任、友善的表現，希望能從別人這裡得到寬慰。所以，當別人抱怨的時候，不要去埋怨他們，要安靜聆聽，並及時給予足夠的安慰。

當別人向你袒露脆弱時，你將以什麼樣的態度去面對？這決定了你在他們眼中擁有的情感地位——人們追隨內心尋找到被寬恕、被容納的港灣，會對提供這一禮物的人分外感激，甚至會在瞬間產生諸如「我願意為你做任何事來略作報答」「我可以嫁給你」的念頭。

沒有人可以一直堅強，當他或者她因為某些變故，陷入脆弱甚至崩潰狀態時，需要有一雙手扶著他走出黑暗，重塑信心。當這個人選擇向你吐露心聲，在你面前表現得像個弱不禁風的孩子時，請溫暖地送上你的肩膀和懷抱。幫助他一次，對你來說不會損失什麼，反而能讓你贏得對方的信任。

那些讓人嘆服的有氣度的人總是心如大海，敏感而又大度，不僅能輕易取得別人的信任，也願意去信任別人。

在洛杉磯舉辦的一次課程中，我問學員：「你們願意忍受人們對你偶爾的食言嗎？」

「啊……絕不！」台下的霍利爾先生說，「憑什麼？食言就意味著欺騙，我是一個從不食言的人，所以我也絕不原諒他們的欺騙。」

「承諾了就一定要兌現嗎，你將如何對待那些失信的人？」我問出最後一個問題，留給霍利爾和其他的學員們思考。

很顯然，類似于霍利爾這樣的完美主義者，可能會依然固執地說：「當然了，我事事追求百分之百的兌現，說到的如果做不到，我就無法原諒。」

可是，世事無常，人也不是機器，不可能一點錯都不出。明天對於人們來說，總是有著無限可能，難免會有突如其來的狀況發生，沒有人能完全預料到明天會發生什麼。當對方因為一些變故，未能兌現承諾或者按時赴約時，請控制好你失望的心情，站在他的立場上看問題，並試著去體諒他。

「是不是他的工作太忙，把這件事給忘了？是不是他最近的心情不好，讓他無暇顧及此事？」而不是氣急敗壞地急著去找他算帳，揪他耳朵，敲他腦門，擺出一副兇惡的架勢讓他為此付出代價。

有氣度的人不會抓住別人的小錯不放，而願意大度地原諒別人的錯誤。他永遠都知道自己要的是什麼，懂得關注事情的本質，以大局為重。在二十年前，當鄰居把我試圖偷走的書慷慨地送給我並且向我的父親稱讚我是一個好學的孩子時，我就懂得這種大度的人值得尊敬。他們能讓你搞砸的事情峰迴路轉，然後幫

助你擺脫尷尬。

「如果有一天，你發現自己什麼都做不了，那麼就爭取去做一個擁有氣度、好脾氣的人。」最後，我對學員總結說，「也許開始你會感覺自己從來沒有這麼『憋屈』過，但隨著時間的流逝，只會讓人們感受到你的強大，並且自願地站到你這邊，成為你的擁護者。你將驚奇地發現，有氣度的你具備了能操縱他們的神奇力量。」

後記——不要只做狼，要成為狼王

我們每一個人都不是為了純粹的欣賞風景而來到這個世界上的——在人類的血管中，永遠都沒有失敗的血液在流動。請記住這句話，先生們，你不是任人鞭打的羔羊，不是迷途的寵物，也不是一株沒有任何思考能力的椰子樹。你想任憑別人爬到你的身上摘取整個夏季的果實嗎？不，只有懦夫才會允許這樣的事情發生！

但是，我為什麼聽到了失意者的哭泣和抱怨者的牢騷呢？我看到的是一個失敗者的屠宰場，在不到兩百平方米的大廳裡坐滿了失去靈魂的軀殼。這是你們命運的歸宿嗎？既然你們的內心已經屈從於命運，淪為強者的盤中之餐，為他們奉上鮮美的盛宴，為何還要來到這裡？這是因為，無論事情有多麼糟糕——你已面臨失去工作、守著破碎的夢想彷徨無計的危局，但在內心深處仍然期待奇跡。

生命的獎賞會降臨在我們旅途的終點，而不是在起點的附近。先生們，我今年已經快四十歲了，或許在一些人看來，這是一個功成名就的年齡。沒錯，看

起來是這樣，我比你們中間大多數人的狀況要好一些。但我仍然不知道要走多少步才能達到人生的目標；而且我深信，在我邁出第一千步的時候，仍然可能遭遇失敗，甚至會比今天我看到的屬於你們的錯誤還要嚴重。正像你們今天祈求的：「上帝，能幫助我在好望角挖掘到一桶石油嗎？如果可能，我希望逃離中東那個該死的地方，或者再也不用在沙漠戴著頭盔承受炎炎烈日的折磨。」我曾經無數次地向上帝發出類似的祈禱，希望有一顆種子落入我的世界，拯救我如此難堪的生活。

但是，成功並不取決於上帝，也並不會沿著現實呈現的角度，就這麼沒有懸念地繼續下去。即便失敗之花已開到繁盛，世界的每個角落都彌漫著濃郁的悲傷，成功也仍然隱藏在轉角的後面——只要一伸手就能捉到它。除非你放棄了自己，否則你永遠不知道成功離你到底有多近。

先生們，做人就要對自己狠一點，當阻力和煩惱驟然加大時，不要後退，再努力前進一步，如果沒能成功，那就對自己再狠一點，再向前一步。實際上，善待我們體內的潛力，每次只需要進步一點，這實現起來並不會太難。

從今以後，必須清楚這一點，我們每天的奮鬥就好像對參天大樹的一次砍擊，前幾刀可能會紋絲不動，不留痕跡。每一擊都看似微不足道，無法將這棵樹擊打倒。但是，持續下去，加強自己的臂力，讓傷害累積起來，大樹終會折斷！而你，將在成功之時對自己的堅持深以為豪！

即便希望渺茫，我們也要修建自己的城堡，用一磚一瓦而不是用淚水讓它牢固地樹立起來。因為你——坐在這裡的每一位，你們都深深地明白「水滴石穿」的道理。只要持之以恆，沒有辦不到的事情。

你千萬不要顧慮失敗，也不要懼怕任何可能的風險。在你的字典裡，應該從此將「放棄」「不可能」「辦不到」「沒法子」「有問題」「失敗」「行不通」「沒希望」「退縮」……這些愚蠢的字眼徹底剔除！你要儘量地避免絕望，一旦受到它的威脅，立即想方設法向它發出挑戰，將它從身邊趕走，讓它滾去那些弱者的心裡。而你這裡，永遠都是只屬於強者的樂園。在你的大腦裡，決不會產生絲毫向困難妥協的念頭。

你要辛勤耕耘，忍受苦楚，放眼未來，勇往直前，不再理會眼前的障礙。我堅信，沙漠的盡頭定是綠洲。同時我也無比確信，當你放低姿態解決眼前的現實問題時，這些愁雲立刻就會變成隨手即可拂去的虛無縹緲的輕紗。

你要牢牢地記住我教授與你的成功法則——那些關於獵人和勇猛出擊的部分，然後鼓勵自己堅持下去。因為你每一次的失敗，都只會為下一次的成功增加機會。這一次的拒絕就是下一次的贊同，這一次皺起的眉頭，就是你下一次舒展的笑容。今天的不幸，往往預示著明天的好運。

對於今天的遭遇，你要心存感激，而不是嘆息命運的不公！你必須明白，只有經歷過多次的失敗，才能收穫最激動人心的成功；只有實行過許多次的嘗試，才能以最完美的姿勢跳越障礙。我們要快樂地迎接所有的挑戰，像大海上的水手一樣，乘風破浪，穿越迷霧，然後到達萬里之外的溫暖之港，那是我們理想的目的地！

從現在開始，你要精明而又冷靜地借鑒別人成功的秘訣。過去的是非成敗，全然不要計較，只抱定你偉大的信念：明天會更好！當你精疲力竭之時，要強烈抵制回家的誘惑——一張舒適的大床、一台誘人的電視，當然還有濃情蜜意的伴侶。先生們，每當這個時候，你都要鼓勵自己堅持下去，再多試一次，爭取任何一次微小成功的機會，避免以遺憾收場。

你要珍惜在每一刻為明天的成功播下的種子！抓住一切時間，激發潛能，經營人脈，超越那些按部就班的人。在別人停滯不前的時候，你要繼續拼搏，就會比其他人離成功更近。終有一天，你會獲得豐收的果實！

請相信，這不是上帝的預言，但卻是幫助你明天不用再坐在這裡的最虔誠的保證！

附錄——成功必須經歷的八節生存課

第一課　畏懼

＊害怕「高度」和「難度」↓「這件事我行嗎？」

在戰勝畏懼的課程中，有一個來自北京的學員給我們分享了他的故事。他曾經看好了一個創業項目，卻始終不敢下手，他經常掛在嘴邊的一句話就是：「如果沒有十足的把握，我寧肯老老實實地給別人打工。」所以，他總是在觀望中等待想要的「十足把握」。一年的時間過去了，他想要的時機終於到來，然而這個項目的市場已經飽和了，他再進入已經沒有任何伸展空間。這件事情讓他深感遺憾，經常莫名其妙地情緒低落，很長時間裡都無法專心工作。

＊課程關鍵：平衡心態，看淡得失。

意志力薄弱的人，除了不敢嘗試「大事」之外，還不屑於做小事，大事情又做不好，久而久之，任何事情都不願意去嘗試。過於看重得失，就會心態失衡，畏首畏尾，因此前進的腳步就會被阻擋在「高度」和「寬度」的大門之外。

所以，戰勝畏懼的關鍵就在於消除自己的得失心。比如，很多人希望立刻被老闆認可，一旦他的期望落空，馬上就垂頭喪氣，感覺沒有了希望，這就是得失心過重的表現。但事實上，失敗也是一種積累成功的過程。如果你足夠努力，最終會得到好的回報。

第二課　失落

＊由恐懼導致退縮，不敢去做，從而產生嚴重的失落感。

一位叫曉莉的學員很失落，她認為她這一輩子只能當一個魯蛇。

「為什麼我的運氣這麼差？我沒有遇到過一間好公司，更沒有見到過能夠慧眼識才的上司！他們簡直都是魔鬼。」她為自己的職場經歷憤憤不平。

曉莉最初在一家科技公司做秘書，她的上司是她眼中「史上獨一無二的魔鬼老闆」，因為她的老闆認為，作為一個秘書就應該呼之即來揮之即去，早出晚歸，披星戴月，為他準備好需要的一切，為他解決所有的麻煩。然而，曉莉的想法卻與他相反，她認為自己是名校出身的高材生，理當做一些「有價值」工作，而不是在這裡卑躬屈膝，給人端茶倒水。於是，一個月後，曉莉跳槽到另一家公司做企劃。她每天穿梭在高樓大廈間，心裡滿滿的都是驕傲和希望，她覺得自己終於找到了理想中的工作。可是，儘管她每天努力的加班工作，但每次精心準備的那些文案還是被老闆罵得一文不值。

二十六歲的她厭倦了每天做些零碎小事，卻也不敢再嘗試那些「大事」，每次努力了也會碰壁，她漸漸變得膽小起來，工作越來越消極。

＊課程關鍵：理性期待，拒絕天真。

首先，讓自己保持清醒，正視現實。

失落感通常是由願望與現實的落差造成的，一個人之所以有那麼強的失落感，主要是他不敢面對現實，只想逃避、沉湎於那個理想的過去。他們總是認為過去最美好，喜歡給過去的事物披上美好的外衣，讓自己沉浸在對過去的緬懷中，越是這樣想越是失落。

其次，讓自己保持理智，不要過於理想化。

當目標和現實出現差距時，不要長噓短嘆，更不要抓住自己的失敗不放，給情緒一個釋放的出口，尋找新的「補償目標」，從中尋取新的前進動力。你要不斷地告訴自己，失敗是正常的，只要足夠努力，早晚都會成功。

第三課　逃避

＊選擇性無視現實，尋找安全的地方進行逃避：「啊，那件事我早忘了，別煩我！」他們一邊玩遊戲，一邊這樣告訴你。

麥克之前是一家軟體公司的部門經理。有一次，他偷聽到一個情報，公司的高層決定安排他們部門的人員到外地去處理一項難度頗大的業務。誰都知道這是個燙手的山芋，處理妥善萬事大吉，如果搞砸了，麻煩就大了。所以，麥克決定提前一天向公司請假，這樣一來，他就能躲過這一劫。第二天安排任務的時候，麥克已經在家裡「避難」，上司便直接把任務交代給了他的助手，讓助手轉達麥克儘快去處理。麥克就以自己生病為由，讓助理替他去處理這件事情。

最後，事情不出意料地辦砸了，麥克怕公司追究這件事情的責任，辯解說自己當時請假了，並不知道這件事情的具體情況，一切都是助手自作主張。按他的想法，助手是總裁安排到自己身邊的人，出了事，讓他頂著，在公司高層面前有一個迴旋的餘地，假若讓自己來承擔責任，恐怕有被降職罰薪的可能。然而麥克的助理並沒有替他當替罪羔羊，而是向上司說了實情。上司便對麥克的人品產生了懷疑，害怕他把這種手段當作慣伎，影響公司的團結和業務的發展，再也沒有給他過其他挑戰的機會。

＊課程關鍵：直面困難，承擔責任，並且戰勝自己的「拖延症」。

「從最困難的事情做起，不給拖延留下餘地。」這是我的第三條建議。戰勝「拖延」的最好方法就是「率先解決」，先撿硬的骨頭啃。比如業務員，每天把給「脾氣最大」的客戶打電話放在首位，能過了這一關，一天的心情都會因此而明朗起來，而且做事情也會更有信心。只要最困難的麻煩解決了，接下來就輕鬆了，那還有什麼可逃避的呢？

第四課　清醒

＊總有一天，他需要看清現實，明白自己站在什麼位置——或許是懸崖邊上？

曾經有過這樣的一個實驗：

生物學家發現，狒狒家族的地位等級相當森嚴，為了驗證這個觀點，他們將一隻狒狒首領與一隻最小的狒狒分別關進一個籠子裡，待其他狒狒用完餐後才將牠們放出來進餐。觀察中發現，狒狒首領每次在籠子裡看到別的狒狒進餐時，牠就會很煩躁，而且不停地在籠子裡上躥下跳，憤怒到了極點，直到渾身傷痕筋疲力盡才會停下來。當實驗者將牠放出來後，它仍然怒火萬丈，不僅將食物打翻在地，甚至還拒絕進食。而那只最小的狒狒，在籠中卻表現得淡定自如，被放出來後，儘管食物已被狒狒首領打翻，牠也不介意，照樣吃得津津有味。

生物學家們得出結論，因為狒狒首領平時總是第一個進餐，所以牠看到別的狒狒先進餐時，就會發怒。而那只最小的狒狒，平時就是最後一個進餐，牠習慣了等待，當別的狒狒先進餐時，牠也顯得很平靜。

＊課程關鍵：做好自我定位，始終保持頭腦清醒。

如果你無法判斷自己所處的位置，就從你周圍的人中找到參照者，你就會豁然開朗。這一點對職場中的人來說很重要，不管你之前創造了多少輝煌，在原來公司有多耀眼的業績，職位有多高，既然進入新公司，你在同事眼裡就是「新人」，是那隻最小的狒狒。

如果無法將自己的位置擺正，就會一直處於心理失衡的狀態，不知不覺地掉進自己設置的心理陷阱，最終將自己弄得傷痕累累、筋疲力盡，而別人卻渾然不覺，看到你的行為還會覺得莫名其妙。

第五課　行動

＊要發現自己必須做什麼，並且充滿立刻行動的力量。

讓我猜一猜你是不是有做過下面的一些事情：

上司明明告訴你他現在急需一份完整的報表，你卻跑去茶水間為他沖一杯並不需要的咖啡；你發誓一定要通過這次的全民英檢，轉而又告訴自己，時間還早。

我們每個人都希望成功，但是我們常常成了思想的巨人，行動的矮子。不管你承不承認，在某個時候，你一定有很多很多想法，哪怕是想要養一盆花，讀一本書，創作一個新的動漫人物。尤其是在夜深人靜的時候，我們更喜歡思考人生，規劃未來。一個剛剛換了新工作的人會想，從明天開始我一定要認真工作，加倍努力，不再得過且過；一個考砸了期中測試的學生會想，明天我要好好學習，天天向上；一個有新計畫的人會想，我一定要把這個新夢想堅持下去，絕不荒廢時間，就算困難重重，也不能放棄……

＊課程關鍵：使目標擁有可行性，並且確立優先順序。

我們總是不缺好的想法，卻因為種種「原因」而沒有去行動。這是一個普遍現象，也是一個阻礙我們完善自我、實現自我的嚴重屏障。為了實現目標，我們必須從消滅阻礙行動的敵人開始：

◎找出你的動機。

◎確定目標並寫出完成的細項。

◎整理工作順序，優先處理最重要的事。

最後要記得每個成功者具備的素質裡都少不了「自律」，他們嚴陣以待，抓住每一分鐘的機會去行動，去成長，所以走的每一步都是在進步。

第六課　自省

＊審視自身的意識、角度和頻率。

古希臘人認為：「能認識自己」是人類的最高智慧，就像我們今天常說的「人貴有自知之明」。無論何時都要公正、客觀、透徹、正確地看待自己。

一個人能認識到自己是怎樣的人，比他真正是怎樣的人更重要。因為每個人都是按照自己所認為的那樣去行動。一個人只有對自己各方面都有了比較明確的瞭解，才能找到最適合自己發展的道路。

要記得一個連自己都不喜歡自己的人，怎麼能要求別人喜歡你呢？如果你認為自己是個討厭的人，那你的行為也是令人討厭的，所以在別人看來，你就更加不會討人喜歡。

＊課程關鍵：讓自己養成定期反思與總結的良好習慣。

經常回想自己近期的表現，值得肯定的繼續堅持，不足的地方加以改進。坦然接受自己的不完美，並且願意給自己機會去改正。

要記得下面這三件事：
◎停止對於別人的價值評判。
◎注意你的言行。
◎和惡習說再見。

第七課　樂觀

＊我們看到的是未來的太陽，而不是眼前的黑夜。我們看到花落，要想到明天花還會開，而且堅信一定會開。

我從隨身攜帶的本子中取出一張白紙，問學員：「這張紙有幾種命運？」
他們一時不知如何回答。
然後我把紙扔到地上，並用腳踩了幾下，又問：「這張紙有幾種命運？」
有學員看到上面的大腳印和泥巴說：「這就是張廢紙。」
我沒有回應他的答案，彎腰撿起那張紙，很快在上面畫了一幅人物素描，並配了一首詩，將剛才踩的腳印巧妙地變成了少女裙擺上美麗的皺褶。
我舉起畫，又問：「現在，這張紙的命運是什麼？」
學員明白了我的意思，回答說：「這張廢紙已有了價值。」

＊課程關鍵：養成正面思考的習慣，並培養自己樂觀的心態。

方法其實很簡單，不將問題絕對化，任何事情必定都有好的一面。遇到挫折時，你必須立刻調整自己的心態（哪怕是強制性的），然後告訴自己：「任何事情都會是好事，如果不是好事，就證明還沒到最後一刻。」好事多磨，將來一定會變好。只要我們始終保持這樣的信念，就會逐漸變得陽光樂觀，你會發現，事情正如你認為的那樣，朝著好的方向發展。

第八課　堅持

＊即便預期計畫並沒有效果，也能鼓勵自己堅持下去，但有幾個人能真正做到呢？

我有一個體重嚴重超標的學員，她每天都將「減肥」掛在嘴邊。「你們瞧著吧！我一定要瘦成一道閃電。」她不止一次地發誓要節食，然而我也不止一次地發現她在課堂上悄悄地把手伸進藏滿零食的口袋。

「今天已經是第十天，你已經開始走向成功了，為什麼不堅持下去？」我問她。

她委屈地說：「我太餓了，堅持不了了，在饑餓來臨時，我寧願做回一個胖子。看樣子，我也只能做一個胖子了。」

＊課程關鍵：預料到問題，並且提前制定應對計畫，才是能夠堅持到底的最大保證。

生活中有太多剛見到困難的尾巴就「望風而逃」的人，事後他們總是自責，卻又為自己開脫，好像理所應當他們就該是那樣的人。

萬事起頭難，很多事情都與預期計畫有天壤之別，如果總是一碰到困境就改變初衷，不僅會挫傷你的自信心，還會一事無成。堅信只要堅持不懈地付出，就一定會有收穫。當一件事情出現波折的時候，請你暫時停下來分析一下，到底是哪裡出錯了，找出問題的癥結所在，然後調整狀態和方向，堅持下去，最終就能成功。

NOTES

國家圖書館出版品預行編目（CIP）資料

狼學：對自己要夠狠，讓你對未來無所畏懼的八個步驟/ 李維文著. --初版. --新北市：大喜文化, 2015.02
面； 公分. -- （喚起6；）
ISBN 978-986-90574-7-9（平裝）

1. 成功法 2. 自我實現

177.2 103014842

喚起 06

狼學：對自己要夠狠，讓你對未來無所畏懼的八個步驟

作　　者　李維文
編　　輯　蔡昇峰
發 行 人　梁崇明
出 版 者　大喜文化有限公司
登 記 證　行政院新聞局局版台省業字第 244 號
P.O.BOX　新北市中和郵政第 2-193 號信箱
發 行 處　23556 新北市中和區板南路 498 號 7 樓之 2
電　　話　(02) 2223-1391
傳　　真　(02) 2223-1077
E-mail　joy131499@gmail.com
銀行匯款　銀行代號：050，帳號：002-120-348-27
臺灣企銀，帳戶：大喜文化有限公司
劃撥帳號　5023-2915，帳戶：大喜文化有限公司
總經銷商　聯合發行股份有限公司
地　　址　231 新北市新店區寶橋路 235 巷 6 弄 6 號 2 樓
電　　話　(02) 2917-8022
傳　　真　(02) 2915-7212
初　　版　中華民國 2020 年 10 月
流 通 費　新台幣 280 元
網　　址　www.facebook.com/joy131499
I S B N　978-986-90574-7-9